北京市学前教育研究会"十三五"研究课题"幼儿音乐教育游戏化的研究"成果

幼儿园游戏化打击乐活动案例

邓茜　张静　冯冬梅　主编

知识产权出版社

全国百佳图书出版单位

图书在版编目（CIP）数据

幼儿园游戏化打击乐活动案例 / 邓茜，张静，冯冬梅主编 .—北京：知识产权出版社，2019.4

ISBN 978-7-5130-6085-1

Ⅰ .①幼… Ⅱ .①邓… ②张… ③冯… Ⅲ .①音乐课 – 教案（教育） – 学前教育

Ⅳ .① G613.5

中国版本图书馆 CIP 数据核字（2019）第 026406 号

内容提要

本书总结了北京市海淀区龙岗路幼儿园的教学研究成果，通过实践发现，通过唱唱跳跳、动动玩玩等活动，能更好地激发幼儿学习音乐的兴趣。德国幼儿园之父福禄培尔说："儿童早期的各种游戏，是一切未来生活的胚芽。"大多数幼儿都喜欢音乐，而音乐是一门听觉艺术，看不见、摸不着，幼儿年龄太小，且天性活泼，很难理解声音的强弱、快慢、高低等抽象概念，因此，把音乐与游戏融为一体，可使幼儿更好地全面发展。

责任编辑：李娟 于晓菲　　　　　　　　　责任印制：孙婷婷

幼儿园游戏化打击乐活动案例

YOUERYUAN YOUXIHUA DAJIYUE HUODONG ANLI

邓茜　张静　冯冬梅　主编

出版发行：知识产权出版社有限责任公司	网　址：http://www.ipph.cn
电　话：010-82004826	http://www.laichushu.com
社　址：北京市海淀区气象路 50 号院	邮　编：100081
责编电话：010-82000860 转 8693	责编邮箱：yuxiaofei@cnipr.com
发行电话：010-82000860 转 8101	发行传真：010-82000893
印　刷：北京中献拓方科技发展有限公司	经　销：各大网上书店、新华书店及相关专业书店
开　本：720mm×1000mm　1/16	印　张：13.25
版　次：2019 年 4 月第 1 版	印　次：2019 年 5 月第 2 次印刷
字　数：156 千字	定　价：52.00 元
ISBN 978-7-5130-6085-1	

本书编委会

主　　编　邓　茜　张　静　冯冬梅

编　　者　陈丽颖　王晓彤　黄艳鹏　李雨馨

　　　　　张芬芳　乌哲丽坤　卢　欣　商旭东

　　　　　赵　雪　董婷婷　杨江燕　张　瑜

　　　　　薛　瞳　刘佳溪　刘　锦　范珊珊

　　　　　张　芬　李　晴　费鑫淼　刘　杰

　　　　　孟凡洁　郭　青　滕　飞　刘美辰

前　言

　　我园（北京市海淀区龙岗路幼儿园）开展的"幼儿音乐教育游戏化的研究"是北京市学前教育研究会"十三五"立项课题。在"十二五"后期，我园发现两个问题。一是来源于实践中的问题：教师设计的音乐活动游戏性不够强，在玩中学的意识不够。为了让孩子回归游戏，我们选择开展幼儿游戏化的音乐教学研究。二是来源于打造艺术特色园的需要：我园定位于艺术特色，即以艺术教育为切入点，培养幼儿对艺术的感知与体验，对艺术的探索表现与创造。为此，我们将音乐教育和游戏化的教学形式结合到一起。

　　首先，满足幼儿发展需要。

　　幼儿期是游戏期。对于年幼的孩子来说，游戏也是一种学习，它是一种更重要、更适宜的学习。德国幼儿园之父福禄培尔说："儿童早期的各种游戏，是一切未来生活的胚芽。"幼儿最自然的活动方式就是生动活泼地做游戏。由于音乐是一门听觉艺术，看不见、摸不着，幼儿年龄又小，控制力弱，思维具体形象，所以对声音的强弱、快慢、高低等抽象概念是难以理解的。因此必须把音乐与他们的生活、游戏融为一体，通过唱唱跳跳、动动玩玩的游戏活动轻松愉快地学习。

幼儿天生是喜欢音乐的，如果我们能在音乐活动中运用游戏化的方法进行教学，就能更好地激发幼儿参与音乐活动的兴趣和愿望，从而使幼儿多方面能力得到更好的发展。

其次，改变教师的教育观念。

从《幼儿园教育指导纲要》（以下简称《纲要》）的学习中，教师们都知道游戏对幼儿的重要性，但在实际教学过程中，有的老师不能很好地付诸实践，或者不知道怎样使音乐活动游戏化，什么才是游戏化。就是让孩子一直玩吗？那孩子能学会吗？所以，我们有必要成立课题组，在共同学习和研讨中，逐步地转变教师的教育观念，让教师也获得一些具体的游戏化策略，让这些理念变得可操作。

北京市海淀区龙岗路幼儿园是在有着六十年积累的北京市海淀区人民政府机关幼儿园基础上新办的幼儿园，有着一流的办园条件，有着经验丰富的管理团队和优秀的教师队伍。龙岗路幼儿园的教研立足于实践的需要，以解决实际工作中的问题和提高幼儿园师资水平为主要任务，以幼儿的发展为最终目的，《幼儿园游戏化打击乐活动案例》就是幼儿园教学研究的成果，就是例证。

通过三年的课题研究，我们不仅深入探讨了幼儿园打击乐的游戏化教学方法，丰富了打击乐的素材和内容，在打击乐活动的设计和组织策略方面积累了经验，并显著地提升了教师的音乐理解能力、教学反思能力，以及针对问题展开研讨、准确把握幼儿年龄特点等各方面的能力。

本书是我园教研组老师和所有参与研究的园领导、专家的智慧结晶，得到了上级领导于锋处长的大力支持和精神鼓励。本课题在研究过程中得到了北京市海淀区人民政府机关幼儿园执行园长原伟、保教主任曾婉及多位老师的真诚指导和无私帮助。在本书出版之际，谨代表幼儿园教研组向所有对课题研究给予关心、关怀的专家领导表示敬意与谢忱，并恳请各位领导、专家、同仁不吝赐教、批评指正。

邓茜　张静　冯冬梅

2018 年 9 月

目　录

小·班

小花猫（第二、三课时）

一、设 计 意 图

夏天到了，为了让孩子们养成勤洗澡、讲卫生的好习惯，笔者选择了小花猫洗澡的课程。因为小班孩子喜欢小动物，爱模仿小动物，而歌曲《小花猫》歌词鲜明，节奏明显，故设计这次课程，让孩子们在音乐中体验游戏带来的快乐，并可以培养孩子们的卫生习惯。所以，根据班里幼儿的兴趣与年龄特点，我们设计了这一节"游戏化的音乐"活动——"小花猫"。

乐曲《小花猫》选材于奥尔夫大班春夏季课程《河马医生的秘密武器》这个主题。歌曲为2/4拍，歌词简单易懂，曲调朗朗上口；歌曲分为 A 段和 B 段，A 段音乐为断奏，B 段音乐为圆滑奏，断奏与圆滑奏对比明显，这是整首歌曲的特色所在。而且这首歌曲中，音乐形象生动活泼，小花猫和小跳蚤的角色鲜明有趣，能充分吸引幼儿调动多种感官参与活动，体验音乐游戏的快乐，并在快乐中获得更全面的发展，充分体现了《纲要》中所指出的在"玩中学"的教育理念。

二、活 动 准 备

第二课时

物质准备：

1.幼儿用具——呼啦圈。

2.《小花猫》的音乐。

经验准备：幼儿熟知故事内容，对音乐有所了解。

第三课时

物质准备：铃鼓 15 个，响板 15 个。

经验准备：幼儿熟知乐曲节奏和歌词。

三、活动目标

第二课时

1.感知 |××|和 |×0|两种节奏型，并能用肢体动作加以表现。

2.在音乐游戏中尝试分角色与同伴互动表演。

3.在活动中培养幼儿爱清洁、讲卫生的好习惯。

第三课时

1.通过探索乐器，能够用单响和散响表现断奏和圆滑两种节奏型。

2.会用乐器带动身体动作进行互动表演。

3.体验打击乐带来的乐趣。

四、活动重点和难点

第二课时

活动重点：初步学唱歌曲，感应圆滑奏与断奏，并能用肢体动作加以表现。

策略：通过创设丰富的情境，循序渐进地去引导孩子们用丰富的肢体动作感应歌曲，用好听的声音学唱歌曲，从而使幼儿对音乐更加理解。在理解的基础上，他们才能毫无保留地表现自己。

活动难点：在音乐游戏中尝试分角色与同伴互动表演。

策略：主要通过简单示范、语言点拨、标记点区分，以及将游戏分解，在游戏中建构规则等方法，为幼儿顺利地进行合作游戏提供帮助，让幼儿充分体验合作的快乐。

第三课时

活动重点：通过探索乐器，能够用单响和散响表现断奏和圆滑两种节奏型。

策略：为了突破此难点，我采用了师幼互动—幼幼互动—孩子自己初步尝试，这样循序渐进的方式，让幼儿充分体验活动的快乐。

活动难点：通过探索乐器，能够用单响和散响表现断奏和圆滑两种节奏型。

用游戏带入法为幼儿创设一个小花猫洗澡的场景，让幼儿在第二课时律动的基础上加上乐器，让幼儿知晓长长的音乐就是圆滑乐，短短的音乐就是断奏，在吸引幼儿注意力的同时，激发幼儿参与活动的兴趣。

五、学法

第二课时

采用三种方法设计第二课时教学活动。

1.游戏带入法：以"我爱洗澡"的游戏引入，再创设情景，将小花猫洗澡带入此活动课程中，让幼儿巩固音乐素材。

2.动态演示法：教师亲自把小花猫洗澡的过程表演出来，再鼓励幼儿用身体来模仿，让幼儿的表现力更为丰富。

3.角色扮演法：教师扮演小花猫，小朋友扮演小跳蚤，再鼓励幼儿完整地进行动作表现。

第三课时

采用三种方法设计第三课时教学活动。

1.游戏带入法：小班幼儿的学习特点就是在游戏中学习，使幼儿一边游戏一边用带乐器的身体动作表现音乐。

2.直观演示法：利用乐器和教师配合，让幼儿更加直观地看到小花猫是怎样洗澡的。（使用乐器的方法）

3.变换角色法：教师扮演小跳蚤，让幼儿扮演小花猫，互相交换角色体验游戏带来的乐趣。

六、活动过程

第二课时

（一）音乐入场（播放音乐）

师：你们都洗干净了吗？（见图1）

（二）回忆故事情节，初步尝试用身体律动表现两种节奏型

1.回忆故事。

师：上次河马医生建议谁也要洗澡呢？（小猫）我们来学一学小花猫，看谁洗得最干净。（播放音乐，集体律动）（见图2）

2.用身体动作来表现不同节奏型。

师：猫咪洗澡累了，什么音乐响起时要做伸懒腰的动作呢？（分辨节奏型）

师：这一遍我们看一看谁做得最好。（见图3）

3.两个人一组，分角色跟随音乐用身体律动来表现。

师：现在我来当小跳蚤，你们来当猫咪，请你们在洗澡的同时，看一看我是怎样做的。（播放音乐）（初步尝试分角色）

师：小花猫洗澡的时候，小跳蚤怎样做呢？（说明游戏规则）

师：小花猫生气的时候，小跳蚤怎样做呢？（说明游戏规则）

4.播放音乐，尝试分角色跟随音乐游戏。（见图4）

（三）分角色进行游戏

师：现在请小花猫站在小点上，小跳蚤找黄老师。（分角色）

师：看一看哪只小猫咪可以捉到小跳蚤。（初步跟随音乐进行游戏）

（四）尝试分角色使用道具进行音乐游戏

分角色使用道具——呼啦圈玩"小花猫抓跳蚤"的游戏。

师：小跳蚤实在是太淘气了，老师这里有个神秘武器，我们一起抓跳蚤好不好？

师：小花猫坐在呼啦圈内，小跳蚤站在外面，

A段音乐：小花猫坐在呼啦圈内做洗澡的动作。

间奏：跳蚤来了，老师提醒小花猫抓跳蚤。

B段音乐：A组小花猫坐在呼啦圈内做睡觉的动作，当唱到"喵——喵——"时，做抓跳蚤的动作。B组跳蚤跟着节奏围绕着小花猫跳。

音乐结束时：小花猫用呼啦圈套住小跳蚤。

活动结束。（小花猫随音乐出场）（见图5、图6）

师：小跳蚤被我们抓住了，我们赶快把这个好消息告诉河马医生吧！

师：我们不要像小猫一样，我们要养成讲卫生、勤洗澡的好习惯。

第三课时

（一）入场

（二）肢体律动感受固定节拍

复习"小花猫"音乐游戏，通过肢体律动表现断奏与圆滑两种不同节奏型。（见图7）

（三）出示乐器，辨别音色

师：今天黄老师请来了乐器宝宝做游戏，我们一起欢迎，看看分别是谁。

1.幼儿探索铃鼓的音色及不同的演奏形式。圆滑—散响（|× 0|）

2.幼儿探索圆舞板的音色及不同的演奏形式。断奏—单响（|× × |）（见图8）

（四）乐器演奏

1.幼儿分两段演奏两种不同的节奏型。

第一段边唱边敲节奏感，应断奏和圆滑，结尾音效做摇奏。

第二段唱"喵喵"时刮奏铃鼓鼓面模仿猫叫。

间奏：圆舞板小跳蚤做打拍子。

2.幼儿完整演奏乐曲。（见图9）

（五）"小花猫捉跳蚤"游戏

幼儿分角色进行游戏。

A组站中间，手拿铃鼓扮演花猫。

B 组围圈，手拿圆舞板扮演跳蚤双脚跳。

音乐结束处：花猫抓跳蚤，花猫以铃鼓套住跳蚤。

（六）结束

师：今天，我们一起跟乐器宝宝做了朋友，还帮助小花猫认真地洗了澡，你们可真棒呀！希望小朋友们不要学花猫哦！我们要勤洗澡，经常换衣服，做一个爱清洁、讲卫生的好孩子。

活动反思

"小花猫"这个活动是我们班两位教师分别上的第二及第三课时，磨课的过程中，就遇到了很多的问题，但最终活动的呈现效果还是不错的。那么首先针对班中两位教师上同一活动的不同课时总结一些经验。

1.在音乐的选择上，不但需要考虑音乐本身的旋律节奏，还需要考虑音乐是否具有故事性或游戏性。

2.按照活动课时的顺序研究教案，两位教师需对两个课时的教案倒背如流，这样才能够使两个课时衔接得很紧密。

3.先设定好活动的提升点，再制定目标，确保每一个幼儿在活动中都能得到提高。

第二课时的反思：

本次课中，设计的游戏环节很吸引幼儿，让孩子可以在游戏的同时分辨节奏型。但是，在本次课程中，因为是打击乐的铺垫课，在游戏环节以及后面的韵律动作可以简化，为后续的打击乐做充分的准备。

附　图

第二课时

图 1

图 2

图 3

图 4

图 5

图 6

第三课时

图 7

图 8

图 9

小青蛙（第二、三课时）

一、设 计 意 图

《纲要》中指出："培养幼儿喜欢艺术活动，并能大胆地表现自己的情感，用自己喜欢的方式进行艺术表现活动。"音乐游戏是幼儿游戏活动中的一种，是将音乐活动内容渗透到游戏的形式中。小班的幼儿对音乐的理解往往直观、形象，并没有很多事前准备和指导。教师通过引导，让幼儿在游戏中感受音乐、理解音乐、创编动作、积极游戏，用身体动作、乐器来表达对音乐的理解。结合本班"好热的夏天"主题活动，小朋友们对小青蛙非常感兴趣，知道小青蛙是有益的动物等相关常识。因此，我们一起设计了音乐游戏打击乐活动"小青蛙"。我们通过创设小青蛙捕蚊子的情节，结合音乐，通过律动游戏法学习打节奏的基础上，让幼儿在感知游戏情节的同时，用身体动作及乐器来表现音乐，并能感受音乐活动所带来的乐趣。

说教材

作品《小青蛙》是一首2/4拍的儿童歌曲，歌曲节奏鲜明，轻松活泼，歌词通俗易懂，适合小班幼儿歌唱与演奏。

说学情

幼儿已经熟悉了《小青蛙》这首音乐作品，能跟随音乐进行演唱。了

解青蛙是有益的动物及其基本习性。熟悉"小蚊子飞飞"游戏，会用节奏|××|假装在身体各部位拍蚊子。多数幼儿掌握了如何用正确方法演奏圆舞板和沙锤。个别幼儿在演奏时还需提示。

二、活动准备

第二课时

物质准备：《小青蛙》音乐（完整和片段）、PPT。

经验准备：熟悉音乐《小青蛙》完整和节选、创编乐曲 A 段动作、了解小青蛙是有益的动物等常识。

第三课时

物质准备：《小青蛙》音乐、音乐 B 段、PPT、圆舞板 26 个、沙锤 26 个。

经验准备：能打出稳定的节拍。

三、活动目标

第二课时

1.跟随音乐用身体动作表现乐曲的节奏。

2.引导幼儿拍击身体不同部位表现拍蚊子的有趣情景。

3.通过小青蛙捉蚊子的游戏，体验音乐活动的乐趣。

第三课时

1.能用乐器跟随音乐表现乐曲 |××| 节奏。

2.幼儿能根据音乐角色用不同的乐器进行演奏。

3.幼儿在打击乐活动中体会用乐器演奏的乐趣。

四、活动重点和难点

第二课时

活动重点：跟随音乐，用身体动作表现乐曲的节奏。采取的措施：游戏带入法。通过听音乐，加强幼儿对游戏的代入感，巧妙设计有趣的游戏情节，创设环境，让幼儿在一遍遍情景游戏中感受歌曲节奏。

活动难点：引导幼儿拍击身体不同部位表现拍蚊子的有趣情景。在探索不同的动作中，教师引导幼儿发挥想象力及感受力，让幼儿通过自己的理解来进行游戏。

第三课时

活动重点：能跟随音乐，用乐器表现乐曲节奏 |××|。采取的措施：运用拟人的游戏法和动作还原法。根据乐器的特征，将圆舞板比作青蛙的大嘴巴，学习捕蚊子；将沙锤比作杀虫剂，学习杀蚊子。通过有趣的游戏环节，引导幼儿在不同的灭蚊方式上多次尝试，让幼儿熟练地使用乐器为乐曲伴奏。

活动难点：幼儿在创设的游戏中尝试用沙锤演奏 |×0|的节奏，尝试用两种节奏型进行合奏。

五、学法

第二课时

采用四种方法设计第二课时教学活动。

1.情景导入法：通过情景创设小青蛙捉蚊子，引导幼儿了解歌曲内容、游戏内容，提高幼儿对活动的兴趣。

2.直观演示法：对于小班幼儿来说，他们更能接受直观的事物，应加强幼儿对游戏的带入感。在探索不同的动作中，教师引导幼儿发挥想象力及感受力，让幼儿通过自己的理解来进行游戏。

3.游戏带入法：《纲要》中提出："幼儿园教育活动应以游戏为基本活动。"教师如果能发挥创新的才能，巧妙设计有趣的游戏情节，创设环境，可以使游戏活动"锦上添花"，让幼儿在情景游戏中感受歌曲节奏。

4.角色扮演法：幼儿在角色扮演中，激发对游戏的兴趣，帮助幼儿理解、记忆歌曲。

第三课时

1.情景导入法。通过情景创设小青蛙捉蚊子，引导幼儿了解歌曲内容、游戏内容，提高幼儿对活动的兴趣。

2.直观演示法。对于小班幼儿来说，他们更能接受直观的事物，应加强幼儿对游戏的带入感。在探索不同的动作中，教师引导幼儿发挥想象力及感受力，让幼儿通过自己的理解来进行游戏。

3.游戏带入法。《纲要》提出："幼儿园教育活动应以游戏为基本活动。"教师如果能发挥创新的才能，巧妙设计有趣的游戏情节，创设环境，可以使游戏活动"锦上添花"，让幼儿在情景游戏中感受歌曲节奏。

4.角色扮演法。幼儿在角色扮演中，激发对游戏的兴趣，帮助幼儿理解、记忆歌曲。

六、活动过程

第二课时

（一）律动进场，情景游戏导入

1. 跟随音乐《小青蛙》律动进场。

2. 情景导入，出示PPT。

师：青蛙宝宝们，看一看我们来到了哪里？（池塘）这里都有什么啊？

（二）音乐游戏

1. 复习"蚊子飞飞"游戏，巩固 |××| 的节奏（见图10）

（1）师：小朋友听这是什么声音（蚊子叫声），小青蛙要捉蚊子。

（2）复习游戏"蚊子飞飞"。

2. 跟随音乐，身体动作表现拍蚊子时 |××| 的节奏。（见图11）

（1）在教师的带领下，幼儿跟随音乐（B段）表现拍蚊子。

（2）跟随完整音乐，用身体动作一拍一下地表现整首歌曲。

3. 幼儿跟随音乐尝试用不同的身体动作表现拍蚊子。（见图12）

（1）交流蚊子可能会落在哪儿，鼓励幼儿大胆创编，用身体动作表现 |××| 的节奏。

（2）跟随音乐（B段），尝试用不同的身体动作表现 |××| 的节奏。

4. 集体随音乐（完整音乐），进行游戏。

鼓励幼儿大胆做不同的动作，有节奏地表现拍蚊子。

（游戏进行两次，教师注意观察幼儿在游戏中的动作，发现问题及时纠正。跟随音乐，鼓励幼儿按照自己想的动作，按节奏进行游戏。）

（三）情景游戏

教师出示PPT，创设不同的情景，引导幼儿跟随音乐用身体动作表现拍蚊子时 |××| 的节奏。（见图13）

师：小青蛙们真厉害，把我们池塘的蚊子都消灭光了！现在跟青蛙妈妈一起去别的地方看一看还有没有蚊子。

（四）结束部分

幼儿跟随音乐《小青蛙》律动退场。

师：小青蛙们，你们真是太棒了！帮助小朋友们捉蚊子。一会儿青蛙妈妈要给你们小奖励。（幼儿跟随音乐退场）

第三课时

（一）听音乐进场

幼儿听音乐随教师进教室。

"夏天来了，小青蛙们一起去玩吧！"

（二）用乐器进行演奏

1.教师出示《请你帮帮我》PPT，引导幼儿跟随音乐演奏歌曲。

①师：小青蛙们，这里的蚊子太多了，你们快来帮我捉蚊子吧！

②师：（出示圆舞板）农民伯伯帮咱们准备了小工具，帮助咱们捉蚊子，你会用这个小工具吗？用这个工具要一下一下按节奏杀蚊子。（见图14）

2.幼儿取圆舞板，进行演奏。

①B段音乐，幼儿尝试演奏。

②完整演奏。

师：现在小青蛙起立，请把圆舞板放在小荷叶上，一起来试一试。

3.幼儿取沙锤，进行演奏。（见图15）

①B段音乐，幼儿尝试演奏。

师：杀蚊剂可不能多喷，咱们要按节奏一下一下地喷哟！

②完整演奏。

师：现在小青蛙起立，请把沙锤放在小荷叶上。

（三）幼儿分乐器进行演奏

1.幼儿自由选择乐器。

①请幼儿自由选择乐器。

师：你们会用小工具了吗？快来青蛙妈妈这儿。你们去选择一个自己想用的工具，一起帮农民伯伯杀蚊子吧！

②幼儿看指挥进行完整齐奏。（见图16）

2.教师创设"消灭树上蚊子"游戏情节，引导幼儿用沙锤演奏 |×000| 的节奏型。

①出示PPT，请幼儿选择工具消灭蚊子。

②幼儿探索用工具消灭蚊子的方法，选择适宜的方法。（见图17）

③幼儿用沙锤尝试打 |×0|00| 的节奏型。

3.幼儿分角色进行演奏。

①幼儿自由选择乐器。

②幼儿看指挥进行合奏。

（四）幼儿听音乐出教室

师：你们真了不起，帮农民伯伯把蚊子都杀光了。谢谢你们！咱们也回去休息一下吧！

活动反思

"小青蛙"这个活动是我们班两位教师分别上的第二及第三课时，磨课的过程中，就遇到了很多的问题，但很庆幸最终活动的呈现效果还是不错的。那么首先针对班中两位老师上同一活动的不同课时总结一些经验。

1. 在音乐的选择上，不但需要考虑音乐本身的旋律节奏，还需要考虑音乐是否具有故事性或游戏性。

2. 按照活动课时的顺序研究教案，两位教师需对两个课时的教案倒背如流，这样才能够使两个课时衔接得很紧密。

3. 先设定好活动的提升点，再制定目标，确保每一个幼儿在活动中都能得到提高。

第二课时反思：

1. 以创设情境贯穿始终，活动游戏性强，幼儿兴趣高。

2. 活动目标符合本班幼儿年龄特点，幼儿能够跟随音乐用身体动作表现乐曲的节奏。

3. 活动形式层层递进，由浅入深，遵循了幼儿的发展规律。

4. 课程为第三课时做好充足的前期铺垫。

5. 教师教态亲切，与幼儿互动和谐。

6. 音乐旋律轻松活泼、节奏鲜明，歌词通俗易懂，适合小班幼儿演奏。

不足之处：

1. 复习"蚊子飞飞"游戏与之后课程环节之间过渡上应更加细致，教师可有语言上的一些铺垫，以免过于生硬。

2. 创设不同的情景环节时，可以直接以小青蛙的形式过渡，例如："青蛙宝宝们，我们去看看哪里还有蚊子吧！"这样不仅可以在情节上贯穿到底，更能够增加游戏的故事性。

第三课时反思：

1. 目标基本达成，幼儿掌握了 | × × | 节奏。

2. 创设的情境非常适宜，乐器的演奏形式有效地还原了上节课的动作，从而使幼儿的演奏达到了事半功倍的效果。

3. 幼儿演奏形式层层递进，由浅入深，遵循了幼儿的发展规律。

4. 幼儿演奏前，教师有提醒"准备开始"。

5. 教师教态亲切，与幼儿互动和谐。

6. 音乐旋律轻松活泼、节奏鲜明，歌词通俗易懂，适合小班幼儿演奏。

不足之处：

1. 喷杀虫剂的位置要加以调整。

2. 提高语言精练性，将要求提在活动前。

3. 活动环节如果出现问题可以提示配班教师重新来，如音乐提前播放了等。

4. |××××|节奏性对小班幼儿过难，可换成|×000|节奏型。

附　图

第二课时

图10　　　　　　　　　图11

图 12

图 13

第三课时

图 14

图 15

图 16

图 17

泡泡嘣嚓嚓（第二、三课时）

一、设计意图

在户外和孩子们一起玩吹泡泡的游戏，在游戏中孩子们看到吹出来的泡泡异常兴奋，有用手拍打泡泡的，有说泡泡会变颜色的，孩子们追赶着泡泡，谈论着泡泡。看着孩子们对泡泡的喜爱，我认为应该给予幼儿喜爱探索这一特点以支持，考虑着把吹泡泡游戏应用到教学活动中。正如《纲要》所述："既符合幼儿的兴趣和现有经验，又有助于形成符合教育目标的新经验；既贴近幼儿的生活，又有助于拓展幼儿的经验。"所以，根据班里幼儿的兴趣与年龄特点，我们设计了这一节"游戏化的打击乐"活动——"泡泡嘣嚓嚓"。

说教材

《泡泡嘣嚓嚓》这首音乐选自由徐卓娅老师主编，南京师范大学出版社 2015 年出版的《打击乐器演奏活动》，其旋律欢快。经过户外活动中幼儿对泡泡的探索，结合《泡泡嘣嚓嚓》的音乐，孩子们的学习兴趣更加浓厚了。《泡泡嘣嚓嚓》是一首 2/4 拍的音乐，曲式结构为 A B A，旋律活泼、跳跃，其节奏平稳，速度适中，对于小班幼儿来说比较容易掌握。

二、活动准备

第二课时

物质准备：

1.PPT、音响。

2.音乐《泡泡嘣嚓嚓》《郊游》。

3.鸭子、青蛙动物头饰。

经验准备：

1.喜欢吹泡泡的游戏，观察过泡泡的形状、颜色及形态。

2.熟悉音乐，能够随音乐自主地唱出歌词。

第三课时

物质准备：

1.音乐《泡泡蹦擦擦》《郊游》。

2.手摇铃。

3.PPT、音响。

4.场景设置：小河、城堡大门。

经验准备：

1.能随音乐节奏用各种身体动作表现泡泡的形状。

2.能够听音乐利用身体动作在"嚓嚓"的地方表现出声势。

3.认识乐器——手摇铃。

三、活动目标

第二课时

1.感知乐曲中稳定的节拍，尝试用各种身体动作创编。（认知目标）

2.能够较合拍地进行律动，利用动作表演出"嚓嚓"。（技能目标）

3.喜欢参与音乐律动，愿意大胆地表现自己的情感。（情感目标）

第三课时

1.知道乐器的使用方法，尝试用带乐器的身体动作表现 B 段音乐。（认知目标）

2.能够合拍地用身体动作表现音乐。（技能目标）

3.喜欢并愿意参加打击乐活动。（情感目标）

四、活动重点和难点

第二课时

活动重点：尝试用各种身体动作创编，并且能够较合拍地进行律动。

策略：通过观察 PPT 中的动态"吹泡泡"，启发幼儿一拍一下地表现 B 段中的"|×× |×× |"的节奏型，并创编出和歌词一致的身体动作，能够表现出泡泡变化的不同姿态。

活动难点：能够利用动作合拍地表演出"嚓嚓"。（乐曲 A 段的重音）

通过玩"木头人"游戏的方式，引发幼儿参与活动的兴趣，同时帮助幼儿反复练习，合拍地表现出乐曲 A 段的重音。

第三课时

活动重点：知道乐器的使用方法，尝试用带乐器的身体动作表现 B 段音乐。

采取故事带入法，让幼儿在故事情节中感受乐器的演奏方法。（比如，"吹 吹 吹泡泡"要出短气，吹四个小泡泡、"呜——"要出长气，吹一个大泡泡）

活动难点：能够合拍地用身体动作表现音乐。

用游戏带入法为幼儿创设一个大森林的场景，让幼儿在第二课时律动的基础上加上乐器（魔法手环）。当我们的魔法做到位的时候，就会被传送到森林的另一个地方，在吸引幼儿注意力的同时，激发了幼儿参与活动的兴趣。

五、学法

第二课时

采用四种方法设计第二课时教学活动。

1.游戏带入法：以"木头人"游戏引入，再创新游戏玩法变成巨人版的"木头人"，反复练习乐曲中的重音。

2.情景导入法：用多媒体自制PPT的情景导入法，结合着故事串联出整个活动过程，让幼儿仿佛身临其境，始终自主地跟随着情境中的主人翁"巨人"和"泡泡精灵"一起玩耍。

3.动态演示法：把泡泡的形成过程直观、生动、便捷地展示出来。从而让幼儿观察泡泡的大小和形状。再鼓励幼儿用身体来模仿，让幼儿的表现力更为丰富。

4.角色扮演法：老师扮演小鸭子和小青蛙，鼓励幼儿完整地进行动作表现。

第三课时

采用四种方法设计第三课时教学活动。

1.情景导入法：活动创设大森林的场景，大森林又分为泡泡精灵的城堡、小河边、兔姐姐的城堡三个场景。让幼儿感受音乐内容的同时，吸引幼儿的注意力。

2.游戏带入法：小班幼儿的学习特点就是在游戏中学习，使幼儿一边游戏一边用带乐器的身体动作表现音乐。

3.直观演示法：利用PPT播放场景的图片和泡泡精灵说的话。

4.变换角色法：教师扮演兔姐姐，带领幼儿去森林里参加小动物的森林音乐会。

六、活动过程

第二课时

（一）开始部分

播放《郊游》的音乐，律动入场。（PPT背景城堡）

（二）进行部分

1.以游戏的方式引出A段律动。

（1）游戏《木头人》，强调游戏中的静止部分，鼓励幼儿摆出不同的造型。

师：哇，巨人也被我们吸引来了！听听巨人说什么摆！（PPT中出现巨人，巨人说："我也有木头人的游戏，你们想不想学？"）

（2）继续播放PPT，引出巨人游戏。

介绍游戏规则："泡泡嘣呀嘣呀嘣"保持静止不动，只在"嚓嚓"的时候身体可以动两下并发出声音。

鼓励幼儿尝试用各种动作（如拍手、拍肩、拍腿、跺脚等）来表示乐曲中的重音——"嚓嚓"。（见图18）

（3）播放A段音乐，鼓励幼儿用不同的动作来进行律动表演。

师：我们学会巨人的"木头人"游戏了，播放音乐和他一起召唤泡泡精灵吧！

2.集体创编 B 段律动。

师：泡泡精灵被我们召唤出来啦！（PPT 背景城堡、巨人、精灵，精灵说："我们一起来吹泡泡吧！"）

继续播放 PPT。（吹泡泡的动态图片）

请幼儿观察泡泡的大小和形状，并以断句的形式鼓励幼儿创编动作。

（1）"吹 吹 吹泡泡，吹出一个 × 泡泡。"

前半句 |××|××|鼓励一拍一下地创编吹泡泡的动作。

后半句 |××|××|鼓励幼儿用动作创编出各种形状的泡泡，如心形泡泡、三角泡泡等。

师：吹几下泡泡才能吹出来呢？你想吹出什么形状的泡泡？（见图19）

（2）"呜——，泡泡变大（小）了。"

前半句 |×0|00|引导幼儿做吹一大口气的动作。

后半句 |××|××|鼓励幼儿用不同的身体动作来表现大泡泡、小泡泡。

师：使劲吹一大口气，谁来试一试？看看最后怎么变成大（小）泡泡！

播放 B 段音乐进行律动表演。（见图 20）

师：听着音乐和泡泡精灵一起吹泡泡吧！

3.播放两次 A 段音乐，重复 A 段音乐律动。

师：泡泡精灵跳累了，我们用木头人的游戏把泡泡精灵送回家吧！

播放音乐，鼓励幼儿用不同的动作来进行适应旋律。

4.教师扮演青蛙和鸭子，播放完整音乐鼓励幼儿进行律动表演。

师：我们好玩的游戏，把森林里的小动物都吸引来了，它们是谁呢？

小青蛙和小鸭子出现并说："你们的魔法太神奇了，我也想学一学，你们教教我吧！"（见图 21）

（三）结束部分

播放音乐《郊游》退场。

师：今天和巨人还有泡泡精灵玩得真开心，我们和它们一起去森林的其他地方表演吧！

第三课时

（一）开始部分

播放音乐《郊游》入场。

（二）进行部分

1.复习上节课的律动，使幼儿听音乐回忆如何用身体动作表现音乐。

师：我们来到了大城堡，那我们一起召唤泡泡精灵吧！（PPT背景城堡）

（播放完整音乐，幼儿集体律动）（见图22）

2.感受用带乐器的身体动作表现音乐。

用乐器和身体动作一起表现音乐对我们班孩子来说还是第一次，首先让孩子们感受一下用带乐器的身体动作表现音乐的乐趣，激发他们的兴趣。

（1）PPT音效。

泡泡精灵：小朋友们大家好，欢迎你们来找我玩，我要告诉你们一个秘密，你们的舞蹈有魔法哦！每当你们跳完后，我们就会到达另一个地方。

泡泡精灵：小朋友们别急，我要送给你们一个魔法手环，带上它跳起来，去的地方会更美哦！（发乐器）

（2）播放完整音乐，使幼儿感受用带乐器的身体动作表现音乐。（见图23）

（3）到达了森林一角——小河。（播放PPT背景小河边）（见图24）

3.尝试用带乐器的身体动作表现B段音乐。

（1）尝试让手摇铃发出好听的声音，提示幼儿泡泡有很多的形状。

（教师及时地发现幼儿难掌握的地方，语言提示）

（2）引导幼儿自主地去开动脑筋，探索用带乐器的身体动作表现音乐。让幼儿通过探讨得到的提升点分为以下两点。

第一，如何带着乐器吹泡泡。节奏型 |×× |×× |、|× 0 |00 |；

第二，在泡泡变成各种形状之前，如何让手摇铃发出好听的声音。（见图 25）

与幼儿一同探索后，引导幼儿跟随 B 段音乐用带乐器的身体动作表现音乐。最后，在创设的小河情境下，沿着小河出发去森林的下一站。（播放完整音乐）（见图 26）

4.尝试合拍地演奏。

为了防止活动过程枯燥乏味，幼儿注意力不集中，可以针对上一环节中幼儿最后的完整表现音乐给予肯定。（播放 PPT，城堡背景）带领幼儿一同到设置的城堡大门处敲门。第一次敲门门没有开，引导幼儿发现在表现音乐的过程中，节拍没有卡准。（见图 27）

针对"泡泡嘣呀嘣呀嘣嚓嚓"处的"嚓嚓"，和幼儿一起回忆第二课时中的巨人木头人的游戏。发现幼儿在"泡泡嘣呀嘣呀嘣"的时候不仅身体不动，手摇铃也不出声音。

针对 B 段中"吹 吹 吹泡泡"时的节奏（|×× |×× |）和"呜——"时的节奏（|× 0 |00 |），提示幼儿吹 4 个小泡泡和一个特别大的泡泡。教师哼唱并且示范，引导幼儿跟随节奏表现音乐。

（播放完整音乐，幼儿表现音乐）

（三）结束部分

到教室中设置的城堡大门处和幼儿一同敲第二次门，（门开了）兔姐姐（教师扮演兔姐姐）被我们好听的演奏吸引了，想要邀请幼儿到森林的深处参加小动物们的森林演奏会。

（播放音乐《郊游》律动出场）

活动反思

《泡泡嘣嚓嚓》这个活动是我们班两位教师分别上的第二及第三课时，磨课的过程中，就遇到了很多的问题，但很庆幸最终活动的呈现效果还是不错的。那么首先针对班中两位教师上同一活动的不同课时总结一些经验。

1.在音乐的选择上，不但需要考虑音乐本身的旋律节奏，还需要考虑音乐是否具有故事性或游戏性。

2.按照活动课时的顺序研究教案，两位教师需对两个课时的教案倒背如流，这样才能够使两个课时衔接得很紧密。

3.先设定好活动的提升点，再制定目标，确保每一个幼儿在活动中都能得到提高。

第二课时的反思：

1.利用故事情境下的游戏形式吸引幼儿，使幼儿更为积极、自主地进行律动创编。把传统"木头人"的游戏更新，转变成巨人的游戏，这样一来特别吸引幼儿的注意力，每名幼儿对新游戏都积极地参与，努力尝试做出各种不同的动作，并且都能够准确地找到音乐中的重音"嚓嚓"。

2.故事中插入的声效，给幼儿的感觉是精灵在说话，让整个情境更加真实。激发幼儿新异感的学习情境，充分利用幼儿的好奇心，引导着他们去主动跟随音乐模仿。其次能够渲染出现场的气氛，让幼儿快速地融入教师预设的情景中来，增强幼儿对音乐的感性认识，增强了对音乐的理解和记忆能力，从而最大限度地激发幼儿对音乐的表现力。

3.使用吹泡泡的动态图演示使形式更为生动、活泼，丰富了教育教学内容的表现力和外在张力。动态的展示过程能够启发幼儿的思维，它可以把泡泡的形成过程直观、生动、便捷地展示出来，从而让幼儿观察泡泡的大小和形状，在鼓励幼儿用身体模仿的时候，让幼儿的表现力更为丰富。

不足之处：

1. 在导入部分玩"木头人"游戏时，在结束部分可以加入互动，教师来回走动，用小手指头戳一戳来检查有没有动的幼儿，从而让整个游戏更自然地结束。

2. 乐曲中 A 段音乐进入较快，A 段一共四个八拍，前两个八拍不动，从第三个八拍开始做动作，给孩子们听觉上的缓冲，从而使其更准确地进入游戏。

第三课时活动结束后，对活动教案的制定以及活动的情况有以下几点反思：

1. 教师的引导及创设是怎样支持幼儿的。

（1）教师提问的有效性和引导语的严谨性对活动的重要性是不可忽视的。在活动设计的过程中，针对活动重点的提问我进行了认真思考，不但要对幼儿进行有效的引导提问，还需要用符合本班幼儿年龄特点的语句来进行提问，最后问题还需要符合活动设计的情景。所以在活动进行中，重点环节进行得比较顺利，并且给幼儿足够的空间使幼儿开动脑筋自主地进行探究。然而在本活动难点部分，教师的引导语不够严谨，要求没有先提，并且在总结中，没有帮助幼儿把提升点总结出来，导致幼儿在"合拍地演奏"上出现了一些问题。

（2）《纲要》中指出："艺术活动的情感性、愉悦性、形象性（听觉形象、视觉形象）、想象性、活动性等特点符合幼儿的思维水平和认知特点。"而针对小班幼儿的年龄特点来说，更是需要在听觉、视觉、肢体运动及言语的充分协调下，获得艺术体验。所以本活动的主线便是由一个到森林里郊游的情节串联起来的。活动中还设置了泡泡精灵的城堡、森林里的小溪、神秘的城堡等情景，这三个情景是以很直观的 PPT 演示法进行的，给幼儿在视觉上提供支持。活动现场还有实物的神秘城堡大门、小溪，供幼儿去实际体验敲门和沿着溪流走，给幼儿在肢体运动上提供支持。PPT 中还插有泡泡精灵的音效，给幼儿在听觉上提供支持。所以在活动过程中，孩子们的兴致一直很高昂，并且展现出各种肢体动作。

所以针对以上来说，无论是在活动设计时还是在活动进行时，教师对幼儿的支持对幼儿在本活动中的表现及感受起着决定性的作用。《泡泡嘣嚓嚓》第三课时在这方面给幼儿的支持度还是不够高，教师应在引导语的严谨性上着重进行思考。

2. 幼儿在教师的支持下是怎么回应的。

本活动很吸引幼儿，幼儿很愿意跟教师一起到森林里去郊游。活动在游戏性的设计上比较有亮点，游戏一环扣一环，每一环节都使幼儿得到一个新的提升点，并且为下一环节做好了准备。在游戏中学习，不仅调动了幼儿对打击乐活动的积极性，还有效地提高了幼儿的学习速度。幼儿在与教师和其他小朋友的互动下，得到了许多新的经验。

3. 音乐活动的随机性。

本活动中，教师的预设比较饱满，这既是优点也是缺点。教师在活动前考虑到了在活动中会发生的一切情况，在活动中就会表现得比较从容。但是，预设得过多，会禁锢教师的思想，从而禁锢幼儿的思想。而我们游戏化的打击乐活动想要达到的目标却是帮助幼儿、引导幼儿进行自主的探究，最后整合探究结果。本活动中，随机性就比较弱，导致幼儿在活动中的自主性减弱。所以，随机性对一个活动的重要性也是不可忽视的。教师需要在活动设计的过程中就把这方面的问题考虑进去。

附　图

第二课时

图 18

图 19

图 20

图 21

第三课时

图 22

图 23

图 24

图 25

图 26

图 27

小白兔与大象（第一课时）

一、设计意图

在扮演游戏中，孩子们喜欢表演小动物们的叫声、走路姿态等。正如《纲要》中指出："小班幼儿能用声音、动作、姿态模拟自然界的事物和生活情境。"小兔子和大象这两个动物形象对于幼儿来说是再熟悉不过的，这也是幼儿经常喜欢模仿的动物之一。根据我班幼儿的年龄特点、兴趣点，我设计了"小白兔和大象"这一教学活动。

说教材

《小白兔与大象》的音乐为 A B A 结构。A 段表现小白兔轻巧、跳跃的形象；B 段沉重，表现大象笨重的步态。在乐曲快结束时，再现了 A 段的旋律。A、B 两段之间的对比明显，小班幼儿易于感受、想象。节奏对比鲜明的音乐、重复的结构和旋律方便孩子们理解两段音乐的变化，孩子们觉得好玩、有意思，符合幼儿喜欢重复变化的心理。

二、活动准备

物质准备：PPT，音乐《小白兔和大象》《小松鼠进行曲》。
经验准备：喜欢扮演游戏。

三、活动目标

1.在游戏中，能够感受音乐的轻快与沉重。（认知）

2.能够跟随乐曲按节拍做动作。（技能）

3.喜欢参与扮演游戏，体会游戏的快乐。（情感）

四、活动重点和难点

活动重点：感受音乐的轻快与沉重，用简单的肢体动作进行表现。此环节采取的措施是游戏代入法。通过听音乐，教师提示，来感受音乐的欢快与沉重。

活动难点：能跟随音乐节拍做动作。此环节采取的措施是从进场音乐开始，已经注意对节拍的感知，在活动中幼儿创编的各种动作都是要按节拍来进行的。

五、学法

情景导入法：为幼儿创设大森林里小兔子与大象捉迷藏的情景。

游戏带入法：《纲要》提出："幼儿园教育活动应以游戏为基本活动。"教师如果能发挥创新的才能，巧妙设计有趣的游戏情节，可以使幼儿在游戏中感受歌曲。

直观演示法：对于小班幼儿来说，他们更能接受直观的事物。在游戏时，教师分组带领幼儿参与活动，能吸引幼儿的注意力，学习兴趣也能被充分调动起来。

六、活动过程

（一）听音乐进场

教师带领幼儿做模仿动作进场。

师：我们准备出发去森林里啦！(PPT)

（二）欣赏音乐，分辨音乐形象

师：森林里的小动物们都出来了。咦？你听，小兔子在和大象玩捉迷藏的游戏呢！（播放整首音乐）

提问：小朋友们听到大象和小兔子的脚步声了吗？小兔子是怎么走的？大象是怎么走的？大家来学一学。（播放完整音乐，初步合拍做动作）

预设：听一听，小兔子和大象谁先出来的呢？（播放 A B 段节选音乐）

听一听，这是谁出来了？（播放 A 段小兔子音乐）

再听一听，这又是谁出来了？（播放 B 段大象音乐）

（三）音乐游戏

分辨音乐形象，用动作表示。

1.游戏一。

师：来吧！跟兔妈妈一起到草地玩玩吧，大象出来时我们要藏起来呦！大象要出来了，咱们要怎么办呢？咱们要捂住眼睛藏起来哦！（播放整首音乐，试一试快速反应）（见图 28）

2.游戏二。

师：咱们玩得真开心呀！大象这次真的要出来找一找小兔子啦！（配班老师扮演大象角色）咱们要捂住眼睛藏起来哦！（播放整首音乐）（见图 29）

3.游戏三：分两组进行角色扮演。

师：象妈妈想找几个小象宝宝，谁愿意来当象宝宝？

师：小兔子出来时，大象要蹲下睡觉，大象睡醒了来找小兔子，小兔子要赶快捂住眼睛藏起来哦！（播放音乐进行游戏）

4.交换角色游戏。

（四）活动结束

师：天黑了，你们听！象妈妈和兔妈妈在叫你们回家呢！

活动反思

选材符合小班幼儿，音乐对比鲜明，易吸引幼儿的注意力。游戏情景设置符合幼儿的年龄特点。

活动目标基本完成，幼儿在游戏中一直保持着兴趣，游戏很专注。

活动准备充分，幼儿有对两种小动物的原有经验。

不足之处：

教师语言的精简性不够。

可为游戏多设置些游戏情景。

附 图

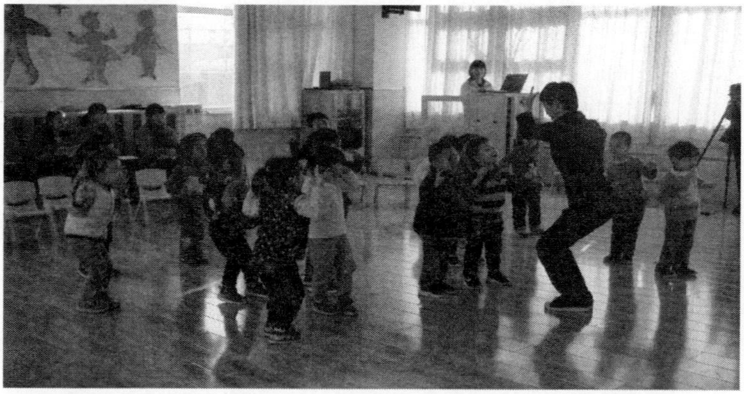

图 28

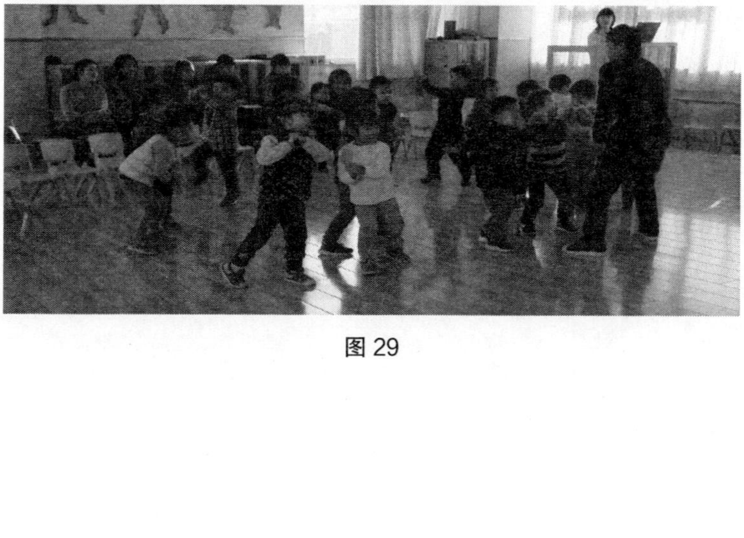

图 29

母鸡孵蛋（第一课时）

一、设计意图

喜欢音乐是幼儿的天性，我们班的孩子特别喜欢音乐活动，在每一次的活动中，他们都能放松大胆地表演。如今，"让幼儿主动学习，让孩子成为学习的主人"已成为教育工作者的共识。本次活动是通过师幼互动，运用形象生动的肢体动作配合轻快的节奏，以鼓励、赏识的方法来调动幼儿的积极性、主动性和创造性，使幼儿愉快地投入整个活动中。

说教材

本次歌唱活动来源于奥尔夫音乐活动《母鸡孵蛋》，乐曲节奏轻快活泼、旋律优美，用母鸡孵蛋的形体和声音特点设计了这次活动，以通过音乐活动让孩子感受到旋律的变化，在表演中体验音乐的快乐。

二、活动准备

物质准备：

1. 音乐《母鸡孵蛋》《台风》

2. 地垫、鸡蛋（椭圆形模具蛋）、纸杯和托盘。

经验准备：

1. 认识小鸡，了解小鸡的基本特征及习性。

2.观察小鸡的图片，通过绘画的方式给小鸡涂色。

3.玩角色扮演游戏："小鸭和小鸡"。

三、活动目标

1.在情景游戏中感受歌曲旋律，学唱歌曲。（认知目标）

2.能运用肢体和道具愉快地参与"母鸡孵蛋"的游戏。（技能目标）

3.体验音乐游戏的乐趣。（情感目标）

四、活动重点和难点

活动重点：在情景游戏中感受歌曲旋律，学唱歌曲。

策略：通过故事导入（播放台风入场音乐），带幼儿身临其境感受"台风"来了，一起做躲避动作，带着问题"可怕的台风终于刮走了，可是鸡妈妈的蛋宝宝还平安吗？我们一起去看一看"，为的是调动幼儿参与的积极性去感受歌曲的旋律。

活动难点：运用肢体和道具表现歌曲。

策略：通过运用肢体律动和道具点数的形式，吸引幼儿参与活动的兴趣，使其更愿意参与其中一起在玩儿中学。

五、学法

采用五种方法设计第一课时教学活动。

1.情景导入法：通过故事导入（播放台风入场音乐）带幼儿身临其境感受"台风"来了，一起做躲避动作，为的是调动幼儿的参与积极性。

2.示范演唱法：在活动的第三个环节，我采用了示范方法让幼儿直观地看见鸡妈妈。

3.鸡妈妈是怎么数蛋宝宝的？感知"4"的数量关系。

4.直观操作法：在活动的第四环节，孩子们自主地运用道具操作。

5.变换角色法：教师扮演鸡妈妈，去一个个孵蛋宝宝。依次再请幼儿去当鸡妈妈，模仿教师或自由发挥想象力去做鸡妈妈孵蛋的动作。

六、活动过程

（一）暖身活动——入场

师：听，前面的农场里是什么声音，发生了什么？（幼儿已有经验，听音乐入场做相应保护自己的动作）

（二）发声练习

师：可怕的台风刮走了，鸡宝宝你们还都好吗？鸡妈妈来听一听你们的声音。

唱：（师）我可爱的小鸡们，公鸡怎样叫？

幼：喔喔喔、喔喔喔，公鸡这样叫。

师：我可爱的小鸡们，母鸡怎样叫？

幼：咕咕咕、咕咕咕，母鸡这样叫。

师：我可爱的小鸡们，你们怎样叫？

幼：叽叽叽、叽叽叽，我们这样叫。

（三）学唱歌曲

师：可怕的风总算是走了，我的小鸡们，你们也都在，那我们的蛋宝宝还在吗？它们有没有被可怕的风刮跑啊？我们一起去看一看、数一数。

1.欣赏教师范唱歌曲。

（1）第一次欣赏。（完整倾听）

师：母鸡孵了几只蛋宝宝？

（2）第二次欣赏。（感受歌曲旋律）

师：鸡宝宝们，你们太棒啦，小耳朵听得真仔细，这次鸡妈妈再来数一数，你们可以跟妈妈一起哼唱歌曲旋律。

2.学唱歌曲。

师：小鸡们，你们看到了母鸡妈妈是怎样孵蛋的吗？母鸡妈妈为了顺利地孵蛋，煽动自己的翅膀来给自己加油，它用尽身体所有的力气，身体非常虚弱。小鸡宝宝们，我们一起煽动起自己的翅膀为妈妈加油吧！

（1）第一次。（欣赏音乐旋律）

（2）第二次。（感受音乐旋律）

（3）第三次。（熟悉音乐旋律）

师：鸡宝宝们数得清楚，唱得响亮，你们可真棒！

（四）游戏：母鸡孵蛋

（讲小鸡破壳的动作）

1.游戏第一次：老师当鸡妈妈，请幼儿蹲在自己的位置。

师：把地垫挡在头顶上当鸡蛋。母鸡妈妈围着蛋宝宝边唱边孵鸡蛋。

（见图30、图31）当唱到"孵出一颗蛋"时，母鸡妈妈拍到谁，谁就赶快从蛋壳（地垫）里钻出来，跟在鸡妈妈后面。四颗蛋孵出后，跟鸡妈妈一起开心地碰一碰，找虫子吃。

2.游戏第二次：请跟鸡妈妈吃过虫子的宝宝来当鸡妈妈，依次去孵蛋，直到所有蛋宝宝破壳而出后游戏结束。（见图32、图33）

七、结束

师：谢谢孩子们帮助母鸡妈妈孵了那么多的鸡宝宝，母鸡妈妈好开心呀！现在我们一起去喝点水儿，补充体力，休息一下吧！

活动反思

本次观摩活动是第一课时，通过情景游戏让幼儿感受歌曲旋律的变化，运用肢体动作和道具让幼儿对音乐感兴趣，喜欢参与音乐游戏。

整节活动幼儿参与性比较强，也能按照教师的引导语一步步去感受和欣赏并参与其中。在通过道具让幼儿操作时，我感觉音乐的伴奏过快，幼儿不易卡好节拍，如果让配班教师用钢琴伴奏效果会更好。

活动结束后各位领导和老师对我这节课进行评课，老师们提出来的建议我都接受，也正是我自己没有想到的。这次课程中存在的不足在今后的教学过程中我也会更加注意。这次活动我自身的收获很大，以后的教学课我会针对这些问题努力去改正，做得更好。

附　图

图 30

图 31

图 32

图 33

我是小司机（第二课时）

一、设计意图

《纲要》中指出："培养幼儿喜欢艺术活动，并能大胆表现自己的情感，用自己喜欢的方式进行艺术表现活动。"音乐游戏是幼儿游戏活动中的一种，是将音乐活动内容渗透到游戏的形式中，让幼儿在游戏中感受音乐、理解音乐、创编动作、积极游戏。小班的幼儿对音乐的理解往往是直观、形象的，并没有很多事前准备和指导。本节课的设计意图是通过教师的一些引导，用身体动作、乐器来表达对音乐的理解。我结合本班当月主题——"圆圆的车轮"设计了此次活动，通过游戏"我是小司机"来感知音乐的变化，鼓励幼儿用不同的身体动作表现音乐的节奏。

说教材

1.活动"我是小司机"选用奥尔夫音乐《开始与停止》，旋律欢快、有趣，幼儿参与度高。活动主要是让幼儿通过耳朵听音乐的开始、音乐的进行和音乐的停止，提高幼儿听觉反应的同时再转换成不同的身体动作，以及用乐器表现音乐的节奏来进行游戏。

2.奥尔夫音乐《开始与停止》，节拍为2/4拍，曲调简单，节奏欢快，A、B段落旋律分明，音乐反复性强，幼儿易于掌握。

说学情

结合本班当月主题"圆圆的车轮"，幼儿对汽车兴趣高涨，平时活动中愿意模仿小司机进行游戏。日常生活中在过马路时家长也会有意识地引导幼儿观察红绿灯，我班大部分幼儿在成人的提醒下有遵循信号灯的意识。因此选取贴近生活的"马路"来创设情景，并以"小司机"的形象来组织以游戏贯穿始终的打击乐活动。让幼儿在音乐游戏活动中，体验做一名小司机的乐趣，体验打击乐游戏所带来的快乐。

二、活动准备

物质准备：

《纲要》中指出："小班幼儿能用声音、动作、姿态模拟自然界的事物和生活情境。"为了达到本活动的目标——能感知音乐的变化，能用不同的身体动作表现 |××| 的节奏,故准备音乐《开始与停止》(完整和截取)、《小汽车》；为了达到本活动的目标——尝试使用乐器表现乐曲节奏，还准备了《请你帮帮我》PPT，自制停车场地标、红灯标志手牌，引导幼儿拿乐器（沙锤、串铃）跟随音乐有节奏地进行游戏。

经验准备：

幼儿熟悉音乐《开始与停止》，初步了解红灯停的交通指示，认识停车场标志等相关经验。

三、活动目标

1.感知音乐的变化，能用不同的身体动作表现 |××| 的节奏。（认知）

2.尝试使用乐器表现乐曲节奏。（技能）

3.幼儿通过游戏活动，体验打击乐活动的乐趣。（情感）

四、教学重点和难点

活动重点：

感知音乐的变化，能用不同的身体动作表现 |××| 的节奏。这个环节采取的措施是游戏带入法。通过听音乐，加强幼儿对游戏的带入感，在探索不同的动作中，教师引导幼儿发挥想象力及感受力，让幼儿通过自己的理解来进行游戏。

活动难点：

尝试使用乐器表现乐曲节奏。这个环节采取的措施是从进场音乐开始，已经注意节拍的感知，在活动中幼儿创编的各种动作都是要按节拍来进行的。教师发挥创新的才能，巧妙设计有趣的游戏情节，创设环境，让幼儿在一遍遍情景游戏中感受歌曲节奏。

五、学法

采用五种方法设计本课时教学活动。

1.情景导入法：通过情景创设停车场红绿灯，引导幼儿了解歌曲内容、游戏内容，提高幼儿对活动的兴趣。

2.直观演示法：对于小班幼儿来说，他们更能接受直观的事物，加强幼儿对游戏的带入感。在探索不同的动作中，教师引导幼儿发挥想象力及感受力，让幼儿通过自己的理解来进行游戏。

3.游戏带入法：《纲要》提出："幼儿园教育活动应以游戏为基本活动。"教师如果能发挥创新的才能，巧妙设计有趣的游戏情节，创设环境，可以使游戏活动"锦上添花"，让幼儿在一遍遍情景游戏中感受歌曲节奏。

4.角色扮演法：让幼儿在角色扮演中，激发对游戏的兴趣，帮助幼儿理解、记忆歌曲。

六、活动过程

1.律动进场，情景游戏导入。

（1）跟随音乐《小汽车》律动进场。（见图34）

师：小司机们，请把你的小车开到停车场来。

（2）情境导入，出示PPT。

师：小司机们，今天我们要在马路上开车，我们来挑战一下，看谁开得最棒！

2.情景游戏。

（1）启发幼儿想象开车都有什么不同的动作。（见图35）

师：我们小司机先来练练本领吧！你是怎么开车的？让我们跟着音乐做一做你想到的开车动作。

跟随音乐（片段音乐），交流开车的动作，鼓励幼儿大胆创编，用身体动作一拍一下，有节奏地表现出开车的动作。

（2）集体随音乐（完整音乐）有节奏地表现开车的动作，鼓励幼儿大胆做不同的动作。（见图36）

①提出游戏时注意事项，知道音乐停止时（红灯亮了）要停止。

师：小司机们，在马路上开车一定要注意看红灯，保证安全驾驶。

②教师带领幼儿，跟随音乐有节奏地进行游戏。

游戏进行两次，教师注意观察幼儿在游戏中的动作，发现问题及时纠正。跟随音乐，鼓励幼儿按照自己想的动作，有节奏地进行游戏。

3.配器游戏。

教师出示《请你帮帮我》PPT，引导幼儿跟随音乐演奏歌曲。

①洒水车司机：小司机们，请你帮帮我，今天的天气太热了，你们能

帮助我给马路降降温，洒洒水吗？

②教师出示乐器（洒水器），幼儿自主选择乐器。

（教师哼唱歌曲，幼儿自主创设洒水动作，要求跟随音乐节奏）

③幼儿拿乐器跟随音乐有节奏地进行游戏。（见图37）

师：小司机们，要知道水是非常珍贵的，洒水时要节约用水，跟随音乐一下一下有节奏地洒水。也不要忘记红灯亮了（音乐停止时）要停车哦！不要拥挤，做一名合格的洒水车小司机。

④教师及时发现问题，进行第二遍展示。（视情况而定）

4.结束部分。

幼儿跟随音乐《小汽车》律动退场。

（1）洒水车司机：小司机们，你们真是太棒了！谢谢你们帮助马路降温，相信下次你们会做得更好，非常感谢！

（2）师：小司机们太棒了，现在请大家把洒水器轻轻地收到小篮子里，开着小车来找我，我们也回班给自己补充水分。

活动反思

结合本班幼儿年龄特点，鉴于幼儿乐于模仿开汽车进行游戏的特质，故选取小司机的角色来进行情景游戏，并以贴近生活的停车场和马路的情境创设来组织活动。这次打击乐活动为第二课时，第一课时幼儿熟悉歌曲并初步掌握了相应的交通知识，如红灯停，绿灯行，开车保持车距等交通常识。

根据《纲要》以及结合幼儿喜欢生活中美的事物，引导幼儿用语言及身体动作表现出来。根据幼儿喜欢进行艺术活动并能够大胆表现，而且拥有初步的表现与创造能力的特点，我制订了两个目标：①感知音乐的变化，

能用不同的身体动作表现 |××| 的节奏。②尝试使用乐器表现乐曲节奏。③幼儿通过游戏活动，体验打击乐活动的乐趣。活动重点和难点分别为感知音乐的变化，能用不同的身体动作表现 |××| 的节奏及尝试用乐器表现乐曲的节奏。

整个活动下来，选材符合本班幼儿年龄特点，课程设计目标明确，教师心中有目标，活动流畅，层层递进。情景游戏贯穿始终，游戏性强，幼儿能够很好地进入所创设的情境中，参与兴趣高。教师创造机会和条件，给予幼儿自主创编动作的空间，支持幼儿自发地表现；同时随机教育，使幼儿获得心得经验。

不足之处：

①幼儿在掌握正确的节奏后难度可相对提升，增加层次感。例如，最后幼儿使用乐器进行演奏时可由配班老师配合分组进行演奏。②场景布置上秉持节约可重复利用的原则，把停车场做成空心的。③教师情绪更加饱满一些，能够更好地带动幼儿。④ 游戏化的教育理念渗透在指导语言上，需要更加严谨。

以上就是本次活动的反思，有优点，有不足，在今后活动中要继续发扬优点，把本次的不足之处做个总结，下次活动争取改正。

附　图

图 34

图 35

图 36

图 37

洗澡啦（第二课时）

一、设计意图

音乐游戏是幼儿游戏活动中的一种，是将音乐活动内容渗透到游戏的形式中，小班的幼儿对音乐的理解往往直观、形象，并没有很多事前准备和指导。通过教师的一些引导，让幼儿在游戏中感受音乐、理解音乐、创编动作、积极游戏，用身体动作、乐器来表达对音乐的理解。结合本班幼儿年龄特点，选取小兔子的角色来进行情景游戏，并以贴近生活的洗澡的形式来组织活动。基于幼儿对故事内容的充分理解及对故事中不同角色情感上的共鸣，我想结合一定的背景音乐，引导孩子们体验在打击乐活动中的快乐，所以设计了这样一节以游戏贯穿始终的打击乐活动，让幼儿充分体验打击乐游戏带来的乐趣。

说教材

《洗澡啦》是一首 2/4 拍的儿童歌曲，节奏鲜明，轻松活泼，歌词通俗易懂，适合小班幼儿歌唱与演奏。

说学情

幼儿已经初步了解《洗澡啦》这首音乐作品，能跟随音乐进行演唱。结合本班幼儿年龄特征，鉴于幼儿喜欢小动物并乐于模仿的特质，以及幼儿已有过制作兔耳朵的经验，故选取小兔子的角色来进行情景游戏，并以贴近生活的洗澡的形式来组织活动。

二、活动准备

物质准备：

1.入场音乐《一起去郊游》，退场音乐《雨中小花伞》。

2.PPT、幼儿自制兔耳朵、乐器（沙蛋）。

3.《洗澡啦》音乐。

经验准备：熟悉歌曲《洗澡啦》的故事角色、情节和音乐，会使用沙蛋。

三、活动目标

幼儿在充分理解故事情节的基础上，用动作和乐器表现 |××| 的节奏。

幼儿通过游戏活动，体验打击乐的乐趣。

四、活动重点和难点

活动重点：在游戏活动中幼儿用动作和乐器表现 |××| 的节奏。

活动难点：尝试用不同动作有节奏地表现音乐。

五、学法

采用四种方法设计本课时教学活动。

1.情景导入法：通过创设小兔子来洗澡的情景，引导幼儿了解歌曲内容、游戏内容，提高幼儿对活动的兴趣。

2.直观演示法：对于小班幼儿来说，他们更能接受直观的事物，因此应加强幼儿在游戏中的带入感。在探索不同的动作中，教师引导幼儿发挥想象力及感受力，让幼儿通过自己的理解来进行游戏。

3.游戏带入法：《纲要》提出："幼儿园教育活动应以游戏为基本活动。"教师如果能发挥创新的才能，巧妙设计有趣的游戏情节，创设环境，可以使游戏活动"锦上添花"，让幼儿在一遍遍情景游戏中感受歌曲节奏。

4.角色扮演法：幼儿在角色扮演中，激发对游戏的兴趣，帮助幼儿理解、记忆歌曲。

六、活动过程

（一）律动进场，情景游戏导入

1.跟随音乐《一起去郊游》律动进场。

师：我的小兔子们，今天和兔妈妈一起去郊游好不好？（见图 38）

2.情境导入，出示 PPT。

师：我的兔宝宝们听一听，是什么声音啊？

我们来到了小河旁，走了半天的路，我们的身体，还有小脚丫沾满了泥土和灰尘，兔宝宝跟兔妈妈一起去河水里洗个澡吧！（见图 39）

师：兔宝宝们，你们知道大森林里住着谁吗？（大灰狼）

（二）情景游戏

跟随音乐，用身体动作一拍一下地表现整首歌曲。

1.在教师的带领下，幼儿徒手跟随音乐做动作。

（用身体动作一拍一下地表现小兔子蹦蹦跳跳和洗澡的节奏，大灰狼出现的时候幼儿不要发出声音，以免被大灰狼看到。）（见图 40）

2.尝试用不同动作有节奏地表现音乐。

根据幼儿提出的部位表现音乐。

师：我的兔宝宝们跟着音乐一下一下洗得真好！现在想一想，你们还能洗一洗哪里呢？

强调要跟随音乐有节奏地、一下一下地进行游戏。

跟随音乐，按照幼儿自主想法进行展示。

（三）配器游戏

教师出示沙蛋（小香皂），引导幼儿跟随音乐演奏歌曲。

（1）师：兔宝宝们看一看，兔妈妈带来了各种颜色的小香皂（沙蛋），小兔子们想不想用小香皂来洗洗澡啊？

（2）幼儿分组自己拿取沙蛋。（见图41）

（3）幼儿拿沙蛋跟随音乐表现歌曲的节奏。

师：在洗澡的时候兔妈妈要提醒兔宝宝们，因为小香皂很滑，所以我们要拿好小香皂，在洗澡的时候小香皂要跟随音乐一下一下地打到身上，那样才能把身体洗干净。（见图42）

（4）教师及时发现问题，进行第二遍展示。

（四）结束部分

幼儿跟随音乐《雨中小花伞》律动退场。

师：我的兔宝宝们太棒了，闻一闻自己的身体洗得香不香！

师：太阳就快下山了，兔宝宝们也要跟兔妈妈回家了，要一个一个地跟紧妈妈，千万不要走丢了啊！

活动反思

结合本班幼儿年龄特征，鉴于幼儿喜欢小动物并乐于模仿的特质，故

选取小兔子的角色来进行情景游戏，并以贴近生活的洗澡的形式来组织活动。这次打击乐活动前两课时做了许多的铺垫，先是讲儿歌《小白兔白又白》，让孩子们了解小白兔的基本特征，然后进行了兔耳朵的制作。结合幼儿喜欢自然中美的事物，喜欢进行艺术活动并能够大胆表现，而且语言有初步的表现与创造能力的特点，我拟定了两个目标：①幼儿在充分理解故事情节的基础上，用动作和乐器表现|××|的节奏。②幼儿通过游戏活动，体验打击乐的乐趣。活动的重点放在游戏活动中幼儿用动作和乐器表现|××|的节奏。活动难点为尝试用不同动作有节奏地表现音乐。

整个活动下来情景游戏一直贯穿其中，结合幼儿容易被自然界的声音所吸引的特点，利用流水声的音频把幼儿引入情景游戏中。结合小兔子蹦蹦跳跳的特点，来到小河边洗澡的故事情节，使幼儿能够跟随音乐有节奏地做动作，并使用乐器进行节奏展示。通过教师的提问："小兔子们，你们想洗一洗哪里？"给予幼儿自主创编动作的空间，创造机会和条件，支持幼儿自发地表现，同时使幼儿获得心得经验。整体课程设计适合本班幼儿年龄特征，游戏性丰富，幼儿角色带入感强。

不足之处：

①教师带领幼儿进入教室时应该更好地利用空间，给孩子们创造更加宽松的环境，让孩子更加尽兴。②幼儿在掌握正确的节奏后，可以互相帮助洗澡或者帮助兔妈妈洗澡，增加童趣性，培养互相帮助的意识。③PPT制作上应该更加考虑全面性，在保证情景带入的情况下不分散幼儿的注意力。

以上就是本次活动的反思，有优点，有不足，在今后活动中应继续发扬优点，把本次的不足之处做个总结，下次活动争取改正。

附　图

图 38

图 39

图 40

图 41

图 42

森林舞会（第三课时）

一、设 计 意 图

在本次课中，结合本班 12 月主题"小动物冬眠"，让孩子们知道除了有小青蛙、小蚂蚁，还有小松鼠和小刺猬也是需要冬眠的小动物。选择这首《森林狂想曲》，也正是因为与孩子们午休起床时的音乐相结合，是孩子们平时熟悉的音乐。本首曲子的曲调欢快，适合小班孩子的年龄特点；我也根据小班孩子的年龄特点在课中创设了森林的情景，让孩子都扮演成小动物，走入森林，亲身体会场景。

本次课一共四课时，今天我上的是第三课时的内容，孩子们在之前两课时中都熟悉并知晓森林的场景，动物们都来参加舞会，我们要去唤醒冬眠的小动物，只有小动物们都聚齐后，我们的舞会才可以开始，那如何唤醒小动物呢？这个问题我直接抛给孩子，给孩子留一个悬念。

说教材

本次课选取的音乐是《森林狂想曲》，此首乐曲旋律欢快，而且运用于孩子午休起床时，孩子每天都可以听到、接触到；并且，此首乐曲故事性强，适合小班幼儿。

二、活 动 准 备

1. 乐曲《森林狂想曲》。

2.手摇铃。

3.草坪场景、动物图示、动物头饰。

三、活动目标

1.通过情景表演，尝试用语言来表示 |00|×× ××|的节奏。

2.在语言"快快醒来吧，快快醒来吧，来、来、来、来"的帮助下，初步运用手摇铃演奏。

3.知道轻拿轻放乐器，体验打击乐活动的乐趣。

四、活动重点和难点

活动重点：尝试用身体动作来表示 |00 ||××××|的节奏。

策略：在活动室中创设小动物演唱会的活动场景，利用多媒体设备制作小精灵的声音，从而引起幼儿的兴趣，感知音乐特点。（带入动作感受音乐节奏型)

活动难点：初步运用手摇铃进行演奏。

策略：在唤醒小动物的时候，加入道具(手摇铃)，让幼儿在玩儿中学，体会用乐器演奏。

五、学法

采用四种方法设计第三课时教学活动。

1.情景导入法：活动创设大森林的场景，大森林中包含小动物和小木桩。

2.游戏带入法：小班幼儿的学习特点就是在游戏中学习，使幼儿一边游戏一边用带乐器的身体动作表现音乐。

3.直观演示法：利用多媒体设备录音让幼儿对唤醒小动物更有兴趣。

4.角色扮演法：老师扮演森林中的小象，带领幼儿去森林里参加小动物的音乐会，在途中唤醒小动物。

六、活动过程

（一）音乐进场

师：小动物们，我们准备出发。（见图43）

（二）故事引出活动情境，激发幼儿兴趣。

1.播放音乐，回忆故事情境。

师：森林舞会就要开始啦，可是小动物们还没聚齐呢，我们跟着音乐去找一找吧！（见图44、图42）

2.用语言感知 |00|×× ××| 的节奏。

师：我们听一听是谁的声音！（精灵姐姐：小动物们，你们的声音可真是好听，但是小动物们还在睡觉呢，你们快去叫醒他们吧！）（见图46）

3.通过情景表演，巩固 |00|××××| 的节奏

师：我的小动物们，你们准备好了吗？

师：哇，我们成功地叫醒了一位小动物！（小松鼠）（见图47）

（三）出示闹铃（手摇铃），初步尝试运用手摇铃演奏。

1.出示乐器。（辨音出示）

师：有一位小动物已经冬眠了，我们怎么办呢？

师：精灵姐姐给我们准备了小礼物，让我们来听一听。（精灵姐姐：

我给小动物们准备了小闹钟,你们赶快尝试一下吧!注意,拿小闹钟的时候一定要小心哟!)(见图 48)

2.取乐器。(轻拿轻放)

师:小朋友们要轻拿轻放,不要让其他的小动物发现哟!

3.初步运用手摇铃演奏。

师:我们用小闹钟试一试吧!(练习咒语)(见图 49)

(四)听音乐演奏

师:让我们跟着音乐去森林里面唤醒冬眠的小动物吧!

师:哇,小刺猬被我们唤醒啦!快给自己鼓鼓掌吧!(见图 50)

(五)活动结束(听音乐离场)

师:舞会马上就要开始啦,我们赶快回班换好演出服,准备开始吧!

(见图 51)

活动反思

通过本次的课以及领导组织的三次教研,让我明白了如何上好一节打击乐的课,明白了音乐和游戏怎样才可以更好地结合在一起,下面是我在课上发现的一些小问题。

本节观摩课中孩子的状态特别好,从始至终一直跟随着教师设计的环节在走。在使用乐器方面,教师提醒孩子的常规状态非常好,教师一直用游戏化的语言、变音器,以及布置的森林场景等多媒体设备和环创设备吸引孩子的注意力,并有效地达到且完成了本节课的目标。但还是存在一些不足,例如,在第二环节中孩子出现的一些小问题,作为新教师的我没有及时更正,下次课中要及时更正。在提醒孩子拿乐器要轻拿轻放时,我只运用儿童化的语言说出了要求,并没有引导孩子以回应,下次会多多注意。

附　图

第二课时

图 43

图 44

图 45

图 46

图 47

图 48

图 49

图 50

图 51

玩具进行曲（第三课时）

一、设 计 意 图

对于我们班的主题活动"玩具汽车王国"，孩子们都意犹未尽。活动之后，孩子们总会和我说"还想再玩一回"，还会从家里拿很多玩具汽车到幼儿园跟小朋友们分享。于是我借助本次打击乐活动契机，用《玩具进行曲》带领小一班的小朋友到"玩具王国"里"瞧一瞧"。

说教材

《玩具进行曲》是一首 2/4 拍的歌曲，节奏鲜明，歌词易懂，适合小班幼儿。

二、活 动 准 备

经验准备：

1.熟悉 |××|和 |×0|两种节奏型，能通过身体动作表现出来。

2.知道木质类乐器与金属类乐器发出的音效不同。

物质准备：

1.PPT 课件、音乐《玩具进行曲》、钥匙道具。

2.乐器：响板、撞钟。

三、活动目标

1.熟悉音乐旋律，会使用乐器随乐合拍演奏。（认知目标）

2.尝试用不同乐器、不同节奏型演奏，感受不同乐器的音响效果。（技能目标）

3.在活动中，体验打击乐带来的乐趣。（情感目标）

四、活动重点和难点

活动重点：会看图谱并使用乐器随乐合拍演奏。

策略：因为是第三课时，所以我会根据目标把活动的重点定在会看图谱并使用乐器随乐合拍演奏。图谱是幼儿下学期才接触到的，一开始练习看图谱的时候，出现看不懂，不知道哪里应该拍手、打节奏等问题，通过每一节打击乐活动的练习，幼儿能力有所提高。所以本节活动，我还是将此环节设计为重点，让幼儿更加熟悉图谱的运用。

活动难点：能够看指挥进行轮流演奏。

策略：难点我定在幼儿能看指挥进行演奏。因为小班幼儿很容易注意力不集中，他们很喜欢自己敲敲打打。在自由探索乐器的过程中，我希望幼儿能提升自我经验，学会看指挥，也是为幼儿升中班做准备。

五、学法

采用三种方法设计第三课时教学活动。

1.情景导入法：活动创设城堡的场景，城堡内部分为空城堡、玩具娃娃两个场景。让幼儿感受音乐内容的同时，吸引幼儿的注意力。

2.游戏带入法：小班幼儿的学习特点就是在游戏中学习，使幼儿在游戏中获得打击乐的经验，也可鼓励幼儿，使其提升兴趣。

3.直观演示法：利用 PPT 播放场景的图片和娃娃仙子说的话。

六、活动过程

（一）开始部分

情景导入，激发幼儿参与活动的兴趣。

师：小朋友们，托马斯向我们介绍的玩具王国就在前面，那里有好多好多玩具，我们一起听着音乐进入有趣的玩具王国吧！（幼儿随音乐做律动）（见图52）

师：小朋友们唱得真好听，动作也很漂亮。你们看，这里就是玩具王国。咦，这有一道大门，你们知道怎样才能进入王国里面吗？

（二）进行部分

1.出示图谱，看图谱进行节奏练习。

（1）教师讲述情节。

师：昨天啊，从玩具王国飞来一只小精灵，它悄悄告诉我，只有找到开启王国大门的钥匙才能进去，可是钥匙在哪里呢？小朋友们别着急，我这里有一张线路图，我们按照线路图走，就能找到啦！

（2）听音乐拍手打节奏。

师：你们太棒了，快看看有没有找到钥匙？我们一起把门打开吧！门终于开了，玩具王国里的玩具可真多啊！咦，你们发现没有，小玩具们手里都拿着什么呢？它们拿着乐器要做什么事呢？那你们想不想和玩具们一起来庆祝他们的节日啊？（见图53、图54、图55）

2.出示乐器并尝试演奏。

（1）感受不同乐器的声音效果。

（2）幼儿选乐器进行演奏。

①演奏第一遍，发现问题，及时指导。

②演奏第二遍，巩固节奏。

③演奏第三遍，和玩具一起庆祝节日，鼓励幼儿大胆表现，提升幼儿自信心。

师：你们演奏得太好听了，快给自己鼓鼓掌。和小玩具们一起过节开不开心啊？我这里啊，还收到了动物王国给小朋友写来的信呢，它们也想邀请你们去它们的王国里玩。那我们回去休息一下，然后再出发吧！（见图56）

（三）结束部分

幼儿收好乐器，听音乐按顺序退场。

（四）活动延伸

表演区投放《玩具进行曲》的歌曲。

活动反思

优势：

1.幼儿轮奏的能力得到了提升，教师提供了适宜的情节，幼儿能基本完成本课的目标。

2.教师制作的图谱很清晰，指挥明确，出示的情景令幼儿感兴趣。

3.教师的游戏性语言很好。

不足：

1.教师在出示乐器时应强调一下使用要求，不要着急进行下一步。

2.PPT中的玩具图片可以在幼儿练习敲击乐器的过程中，一样一样地出示，方便教师发现问题，提出问题，幼儿改正问题、同时增加幼儿自信心，让幼儿的兴趣更浓厚，体现游戏的完整性。

附 图

图 52

图 53

图 54

图 55

图 56

小动物乐队（第一课时）

一、设计意图

本班幼儿很享受在音乐中律动的快乐，在日常的活动区中、歌唱教学中都能看到他们随音乐舞动的表现；小班幼儿又特别喜欢小动物，其年龄特点决定了他们十分喜欢模仿小动物的动作、叫声。因此我设计了这节律动活动，使幼儿能够充分感受律动游戏带来的乐趣，并能同大家一起表现自己，通过肢体表达来增强自我表现能力。

说教材

《小动物乐队》为奥尔夫教材中的选曲，这首歌曲旋律欢快，节奏感很强，歌词内容都是幼儿很容易理解、掌握的，使幼儿在听到歌曲时，能够进行肢体律动。

二、活动准备

经验准备：有模仿小猫、小狗、小鸭子动作及叫声的经验。

物质准备：入场音乐《开汽车》，律动音乐《小动物乐队》，PPT。

说物质材料准备：《纲要》中指出："多样化的艺术表现工具和材料能刺激幼儿的操作欲望，促使其从事艺术活动。"我会提供大森林的场景，使幼儿置身其中，还有小猫、小狗和小鸭子的动物图片；还会制作有关歌曲内容的PPT，其中包括一个人物设定——蝴蝶姐姐，使幼儿对这个活动更加感兴趣。

说前期经验准备：本次活动主要涉及三种小动物，这三种小动物是幼儿平时就了解的，知道它们的动作、声音。

三、活动目标

1.感受律动游戏带来的快乐。

2.通过模仿小动物的动作及叫声学习《小动物乐队》的律动。

3.能够按照音乐的节奏进行自我表现。

四、活动重难点

活动重点：通过模仿小动物的动作及叫声学习《小动物乐队》的律动。

策略：因为是第一课时，所以我会根据目标把活动的重点定在熟悉歌词、肢体动作及节奏上。这部分采取的措施是让幼儿充分地感受音乐，按照节奏来做动作。

活动难点：能够按照音乐的节奏进行自我表现。

策略：难点我定在幼儿能够按照音乐的节奏进行自我表现。因为自我表现体现在很多方面，有面对同伴的自我表现、面对教师的自我表现，等等，所以这方面采取的措施是教师在授课过程中，通过观察幼儿，及时给予鼓励和肯定，让他们有充分的自信心。

五、学法

采用四种方法设计第二课时教学活动。

1.情景导入法：用多媒体自制PPT的情景导入法，为幼儿设计公园场景，使幼儿仿佛置身其中；利用蝴蝶姐姐，吸引幼儿的兴趣。

2.游戏带入法：以模仿游戏引入，根据听到的动物叫声做出动物的动作，学会按节奏表演。

3.直观演示法：利用PPT播放场景的图片和蝴蝶姐姐说的话。

4.角色扮演法：鼓励幼儿大胆用肢体动作表现小猫、小鸭、小狗这三种动物，最后完整地进行表演。

六、活动过程

（一）开始部分

老师：小朋友们，今天和薛老师一起去公园玩好不好？（听音乐《开汽车》入场）。

（二）进行部分

1.情景导入，激发幼儿参与活动的兴趣。

师：公园里真漂亮啊，有小花、小草，还有可爱的小动物们。咦？它是谁？咱们一起听一听它找我们有什么事情。（见图57）

播放PPT，蝴蝶姐姐来告诉我们，公园里有几个爱唱歌的小动物要去小动物舞会进行伴唱，可是还缺少很多舞蹈演员，想请小朋友们来帮帮忙。

师：小朋友们，咱们帮帮它们好不好？

幼：好！

2.幼儿随音乐做律动。

（1）播放音乐，幼儿初步感知完整的音乐。

师：咱们先来听一听舞会的曲子是什么，小朋友们要仔细听哦，听一听都有哪些小动物来参加舞会。

（2）幼儿跟随音乐做律动。

师：好听的音乐播放完了，你们谁来说一说，你听到有哪些小动物来参加舞会了？（小猫、小狗、小鸭子）谁来学一学它们是什么样子的？

师：那小朋友们，咱们一起和他学一学。（见图58）

①幼儿分段听辨音乐形象，初步尝试用简单的动作模仿小动物的样子。

②教师引导幼儿尝试用多种肢体动作表现小动物的样子。（适当引导幼儿加上声效模仿）

师：你们学得真像啊！但是咱们要去参加舞会，想一想小猫参加舞会可以做什么动作？咱们跟着音乐试一试。（小狗、小鸭子）（见图59）

③幼儿集体随音乐做律动。

舞会表演，做律动和小动物一起去参加舞会。

进入PPT情境，蝴蝶姐姐通知舞会开始了。幼儿听音乐开始律动表演。

3.教师小结和幼儿欣赏。

师：小朋友们表演得太精彩了，薛老师在你们表演的时候照了很多好看的照片，咱们一起来欣赏一下吧！

（三）结束部分

师：蝴蝶姐姐刚刚带信来跟我说，动物幼儿园里的小动物们也想看我们的表演，咱们回去休息一下，然后再表演吧！（见图60）

（四）活动延伸

表演区投放《小动物乐队》的歌曲。

活动反思

优势：

1. 本节课符合幼儿年龄特点，激发了幼儿的学习兴趣。

2. 教师教态较好，语言随和，能够将问题前置，并且充分发挥了幼儿的自主性。

3. 多媒体制作教师很用心，能够充分利用多媒体展开教学。

不足：

1. 音响与教师之间还应该再连贯。

2. 最后的照片展示在本节课中意义不大，可以多照一些幼儿的照片在课程的中间部分给幼儿展示，起到激励幼儿创新的作用。

附　　图

图57

图 58

图 59

图 60

小蚂蚁（第二课时）

一、设计意图

《纲要》中指出："小班幼儿能用声音、动作、姿态模拟自然界的事物和生活情境。"根据我们班近期开展的主题活动为"有趣的蚂蚁"，发现孩子们喜欢在户外观察小蚂蚁。根据我们班幼儿的年龄特点、兴趣点，我设计了"蚂蚁和西瓜"这一教学活动。让幼儿听着节奏对比鲜明的音乐做动作，以此激发幼儿的想象力和表现力。

说教材

《小蚂蚁》是一首 2/4 拍的音乐。这首乐曲欢快、明朗、旋律工整、节奏性强，歌词具体形象，生动地表现了蚂蚁觅食的过程，小班的孩子容易用模仿动作来表现。这次活动选择运用乐曲的伴奏，是想拓宽孩子的思路，不把孩子禁锢在原有的歌词中，促使孩子自主模仿小蚂蚁搬东西的动作，表达幼儿对音乐的不同理解。

二、活动准备

1. 环境创设：班内创设"小蚂蚁"主题墙饰。

2. 材料提供：PPT、进场音乐、《小蚂蚁》音乐、西瓜若干。

3. 知识经验：幼儿对小蚂蚁的生活习性有一定的了解。

三、活动目标

1.感受《小蚂蚁》明朗的音乐风格。（认知目标）

2.随乐曲合拍地做身体动作。（技能目标）

3.体验游戏的快乐，激发幼儿对音乐活动的兴趣。（情感目标）

四、活动重点和难点

活动重点：用肢体表现蚂蚁搬西瓜的简单动作。

活动难点：能根据音乐的变化做相应的动作。

五、学法

采用三种方法设计第二课时教学活动。

1.观察法：通过观察PPT里的细节，帮助幼儿回忆绘本故事《蚂蚁和西瓜》中蚂蚁背西瓜的动作。

2.操作法：通过自己表演，进行动作还原。

3.表演法：让幼儿通过亲自表演音乐内容，充分感知音乐节奏。

六、活动过程

（一）情景导入

师：我们之前看过一个绘本故事，叫作《蚂蚁和西瓜》。在那个故事里，我们向蚂蚁学习了很多搬西瓜的方法，你们还记得用过什么样的方法吗？

（见图61）

（二）主体部分

1.幼儿合拍地做身体动作。

师：谁愿意表演一下小蚂蚁是怎么搬西瓜的？

请小朋友们听音乐跟着老师试一试。（见图62）

2.游戏"蚂蚁和西瓜"。

引导幼儿懂得在音乐变化的时候，做相应的动作。总结后，请幼儿随着音乐做动作。（根据情况做2～3次）（见图63）

3.游戏"帮老奶奶搬西瓜"。

师：老奶奶邀请我们的小蚂蚁们帮忙去搬西瓜了，我们准备出发！

总结后，请幼儿随着音乐节拍做动作。（根据情况做2次）（见图64）

（三）活动结束

老奶奶：这些西瓜是给小蚂蚁们的礼物，请小蚂蚁帮老奶奶一起把这些西瓜搬回去分享给其他好朋友，好不好？（听音乐离场）

活动反思

歌曲《小蚂蚁》内容诙谐有趣，深得幼儿的喜爱。我先让幼儿在熟知绘本故事的前提下，创编动作，在此基础上配合音乐有节奏地做动作，幼儿掌握起来就比较容易了。因为有了对音乐和情景的理解和喜爱，幼儿也特别乐意去尝试表演，例如蚂蚁怎么找西瓜，创编搬西瓜的各种动作等，活动效果较好。活动中设计了帮助老奶奶的环节，让幼儿能在轻松愉快的氛围中体会到帮助别人的快乐。

在活动中，我也有很多不足：难点上，教师的讲解不够，所以最后的效果有所欠缺；还有不必要的装饰也应该适当放弃，不要给孩子设置不必要的障碍；在上课过程中，应关注到所有幼儿，尤其对于能力较弱的幼儿，老师应该带一带。在这节课上，作为主课老师，我的多领域结合教育并没有做得很细致，需要在以后的教学过程中多多注意。作为一节打击乐课，不能只关注到孩子的身体动作还原，应该在幼儿能力范围之内出示乐器。

打击乐教学活动，需要我不断去摸索、尝试、反思、改进。希望下次音乐活动中，能弥补以上的不足，会有惊喜的发现，会有更多的收获。

附　图

图 61

图 62

图 63

图 64

小蚊子（第三课时）

一、设计意图

夏天的脚步一步步向我们迈进，太阳也一下子变得那么炽热，蚊子又开始肆虐起来。一天早上，王溪蓦小朋友来到幼儿园，晨检时我发现她的脸上被咬了好几个包。小朋友们围着她关心地问这问那，有些调皮的孩子还学着小蚊子嗡嗡起舞，他们似乎对蚊子充满了兴趣和好奇。我觉得这是一个很好的教育契机，就设计了这节音乐活动，让幼儿在轻松、愉快、自在的游戏中将生活中的情景反映到艺术的活动中。

说教材

打击乐教学是幼儿园音乐教学的重要组成部分，每个孩子都喜欢敲敲打打，对声音有一种天生的敏感性。在活动中，幼儿手、眼、脑、心并用，让头脑变得灵活聪慧。这次我选择的音乐截选自奥尔夫音乐《小蚊子》，该乐曲轻快活泼，节奏鲜明，适合小班幼儿。为了激发幼儿的兴趣，促进对乐曲结构的理解，我就将"小蚊子"这个故事融入音乐中。借助有趣的故事情节，以及捕蚊者和小蚊子两个角色，让幼儿展开了分角色演奏游戏，为幼儿创造一个轻松愉快的氛围，让他们在音乐情境中获得愉快的情绪体验。

二、活动准备

物质准备：

1.了解音乐《小蚊子》、入场音乐《拍蚊子》。

2.捕蚊拍、小蚊子图片、铃鼓。

经验准备：

1.蚊子的基本特征及习性。

2.观看视频，知道蚊子是害虫，并掌握消灭蚊子的方法。

3.玩角色扮演游戏：《你飞我打》。

三、活动目标

1.感受歌曲情节，分辨单响和散响的区别。（认知目标）

2.在伴奏过程中使用铃鼓感应特定节奏。（技能目标）

3.通过游戏激发幼儿对打击乐的兴趣，体验打击乐的快乐。(情感目标)

四、活动重点和难点

活动重点：使用铃鼓感应特定节奏。

策略：这个重点基于前两次课上孩子们对这首乐曲的熟悉程度及了解，如此才能更好地区分 A 段和 B 段旋律的不同，使用铃鼓为乐曲伴奏。

活动难点：分辨乐器发出的单响和散响音色。

策略：幼儿自主探索铃鼓怎样能发出好听的声音，发出的声音又是什么样子的，学一学。通过敲敲打打分辨出铃鼓怎样敲击可以发出单响的声音（拍），怎样敲击可以发出散响的声音（摇）。

五、学法

采用四种方法设计第一课时教学活动。

1. 情景导入法：教师以玩伴身份和幼儿一起听故事、说故事，和幼儿一起融入故事，形成合作探究式的互动情景。

2. 提问法：提问"小蚊子飞时发出什么样的声音呢？（嗡嗡嗡）拍蚊者想要拍死那只可恶的蚊子他会怎样做？"这一系列问题，为打击乐的匹配做了铺垫。

3. 讨论法：希望发挥幼儿主体性，从肢体转变到乐器，再去探索铃鼓发出的声音去配器，都能让幼儿自由讨论，自由地去发现。

4. 游戏带入法：活动设计以游戏贯穿始终，整个活动让幼儿一直处于愉快的游戏活动中，充分体现了"以幼儿为本"的教育理念。

六、活动过程

（一）视觉和听觉的追踪进行入场

师：黄老师不喜欢蚊子，你们呢？它又咬人又传播疾病！听！蚊子又偷偷地、轻轻地飞了出来！走，我们悄悄地一起去消灭它们！（见图 65）

（二）肢体律动感受固定节奏

复习《小蚊子》音乐，感受与进场音乐的不同，随音乐做律动。（见图 66）

（三）出示乐器，辨别音色

师：今天黄老师请来了乐器宝宝做游戏，我们一起欢迎，看看它是谁（铃鼓）。（见图 67）

1. 幼儿探索怎么使用铃鼓可以发出散响的声音——摇奏。（蚊子飞）

2. 幼儿探索怎么使用铃鼓可以发出单响的声音——拍奏。（捕蚊者）

（四）乐器演奏

1.教师与幼儿分角色进行轮奏。（见图 68）

2.幼儿分角色进行轮奏。

（五）铃鼓蚊子游戏"我飞你打"

语词：摇铃鼓 /一人拿铃鼓摇晃当蚊子。

"飞"：拍铃鼓 /一人拿捕蚊拍，说到"飞"的时候拍打铃鼓蚊子。（见图 69）

（六）结束

师：刚刚小朋友们都很棒，把音乐教室里的这些捣蛋的蚊子都拍死了，可蚊子家族很大很大，咱们快回小一班找找吧！回去的路上肯定还会有可恶的蚊子，我们要把眼睛睁大，声音也要小小的，这样才不会让任何一只蚊子从我们身边逃跑，走喽！（见图 70）

活动反思

整节活动在伴奏过程中使用铃鼓感应特定节奏，大多数孩子能够做到，但有些孩子还是不知所以然。在节奏的引导这一块还需要增强，探索如何将死板的节奏排奏变得有趣些。因为我发现每次在这个环节，有些专注力不够好的孩子经常分神，只通过个别点名或表扬的方式提醒，并不是一个很好的办法，通过游戏节奏吸引幼儿是目前想要的效果，所以要靠自己去摸索。本首曲子的节奏较明显，本班的孩子已有一定的看指挥能力，在两组轮奏这一环节，孩子们完成得很棒。

在探索怎样使用乐器发出蚊子飞和拍蚊者的声音时，我忽略了体现孩子们的自主意识，我只是单一地请两三位幼儿到前面使用乐器去感受乐器的声音，而没有让每位小朋友都去感受；我应该给每位小朋友都发一个乐器，让他们自己去尝试敲打再讨论，这样效果会更好。以后的课我会更仔细地把每个环节都考虑到。

附　图

图 65

图 66

图 67

图 68

图 69

图 70

游乐园（第一课时）

一、案例背景

游乐场是小班幼儿最喜欢去的地方。在游乐场中，小朋友们喜欢体验各种游乐项目，有欢乐杯、旋转木马等。本月我们的主题是"圆宝宝乐翻天"，结合主题，我们开展了"寻找生活中的圆""和圆形物品做游戏"的活动，孩子们找到了呼啦圈，并对其玩法产生了兴趣。我根据幼儿的这些兴趣点，设计了此次活动，帮助孩子们在游戏的过程中感受《游乐园》的音乐特点，并尝试用动作表现。

二、选材

音乐是小班幼儿最喜欢的表现形式之一，在音乐活动中，孩子们可以通过肢体动作表达自己的情感，表现自己对音乐的认知。《纲要》中小班幼儿音乐活动的目标也有"从优美动听和形象鲜明的歌曲、器乐曲与舞蹈等音乐作品中获得美的感受，初步理解其内容和情感，尝试以自由律动参与欣赏，用语言、表情或动作表达自己的情感"。结合我园开展的游戏化打击乐教学及我班主题的内容，我们发现《游乐园》这首歌曲适合进行打击乐活动，同时也能够很好地激发幼儿的兴趣。

本节活动为第一课时，在活动之前，我们请幼儿欣赏过这首歌曲，并与幼儿分享了游乐园中各种好玩的游乐设施，孩子们很愿意大胆地用动作表现游戏时的快乐情景。

在第一课时中，我们将会引导幼儿进行深入的欣赏，在原有动作的基础上鼓励孩子大胆创新，乐于表现。所以在这个课时，我们将会创设游乐园的情景，帮助孩子们进行动作还原。

三、教学准备

物质准备：

小班幼儿的年龄特点决定了他们的学习方式是游戏化的，因此我们在创设环境时采用了自由的方式，为幼儿提供游乐园中各种游乐设施的背景，利用圈和彩带等道具，让孩子的游戏更有情景化。

经验准备：

孩子们对游乐园中游乐设施的玩法有丰富的经验，能够用身体动作进行简单的尝试。

四、教学目标

1.以"根据乐曲的结构和节奏，大胆用动作表现乐曲的内容"为认知目标。在活动中，我们给幼儿创设情景，帮助幼儿用动作大胆表现音乐中的情感。

2.以"能够感受音乐中两段音乐快慢性质的不同"为技能目标。希望孩子们能够在游戏中感受到音乐快慢的不同。

3.以"喜欢参加律动活动，感受游戏的乐趣"为情感目标。希望孩子们能够通过情景感受乐曲的性质，对音乐活动感兴趣。

五、活动重点和难点

活动重点：

"感受两段音乐快慢性质的不同。"孩子们虽然对音乐感兴趣，愿意欣赏音乐，但是往往会忽略音乐的变化，因此，我将这条目标定为活动的重点。

策略：采用游乐园中不同的游乐设施作为情景，引导幼儿感受音乐的不同，如将音乐较快的地方定位为过山车，将音乐较慢的地方定位为转转杯。

活动难点：

"根据乐曲的结构和节奏，大胆用动作表现乐曲的内容。"在之前的活动中，孩子们能够尝试做简单的动作，但更多是模仿。为了鼓励孩子们大胆表现，将"表现"定为活动的难点。

策略：通过情景的创设，引导幼儿回忆自己在游乐园中玩过的游戏，鼓励幼儿大胆想象，用身体动作进行表现。

六、学法

1.情景导入法：创设游乐园的情景，激发幼儿参与音乐活动的积极性。

2.游戏带入法：给幼儿提供道具，帮助幼儿在活动中以游戏的形式大胆表现。

七、教学活动过程

1.律动入场。

2.导入活动。

师：小朋友刚才和老师一起开着小汽车去郊游了，你去过哪里郊游呢？张老师去过游乐园，你去过吗？你玩过游乐园里的什么游戏项目，是怎么玩的？

3. 欣赏音乐。

师：小朋友都玩过游乐园里的很多游戏项目，上次我在游乐园玩的时候，听到了这样一首音乐，可是我忘记这个音乐是什么游戏项目的了，你们能帮我猜一猜吗？（播放音乐，引导幼儿感受音乐的特性，和幼儿一起说一说音乐可以代表什么游戏项目）

4. 律动。

师：刚才小朋友说了这么多的游戏项目，还告诉我这些项目的玩法，现在我们一起出发去游乐园吧！（出示不同的游戏场景图片，如旋转木马、转转杯、过山车，与幼儿一同进行律动活动）。

具体方法如下。

旋转木马：幼儿徒手律动，随着音乐上下起落，当第二段音乐起时，围成圈。

转转杯：幼儿拿好圈，随着音乐转动，第一段音乐缓慢转动、第二段音乐快速转动。

过山车：幼儿手拿彩带，第一段音乐上下起伏，第二段音乐围成圈。

5. 自然结束。

师：小朋友今天在游乐园玩了这么多的游戏项目，最后，咱们还能玩一个小火车的游戏，小朋友们快快准备好，我们要出发啦！（小手搭在前面小朋友的肩膀上，排成火车，开出教室）

八、活动反思

这次活动是在"圆宝宝乐翻天"这个主题背景下开展的，之所以选择这一题材，是因为游乐园是孩子们都非常喜欢的场景，并且孩子们对游乐园的各种游戏项目都很熟悉，也喜欢参与。

在课前活动中，孩子们在听到音乐的名称、感知过音乐的内容之后，自发地说出了这首音乐像是在玩转转杯、木马、过山车等游戏项目，并且自己选择了个别项目的道具。根据孩子的表现和对音乐的兴趣，我开展了这次活动，旨在帮助小朋友感知音乐的快慢并大胆地表现自己。

在活动中，我以感受音乐的快慢作为活动重点，以伴随音乐的律动活动作为难点。在目标的达成方面，孩子们基本能够感受音乐的快慢，在快慢不同的两段音乐中用不同的动作进行表现。也能够跟随音乐大胆地进行律动活动。这是因为游戏选择的题材接近幼儿生活，选取的活动材料和关注点贴近幼儿近期开展的主题活动，在活动的过程中，贯穿了游乐园里的各项游戏项目，孩子们的兴趣点也比较高。

但是，活动中也存在一定的不足。在活动的导入环节，由于教师的提问过多，且让幼儿分析和等待的时间较长，有些幼儿对活动的关注点渐渐转移，造成了孩子们的兴致不太高。另外，在活动中教师自身的带动性还不够强，不能充分调动幼儿的积极性，使得孩子们在律动活动时表现力还有待提高。在材料的准备上，应该为幼儿创设更加开放的游戏场景，以此调动幼儿参与的积极性。

在今后的活动中，我更加应该改正自身的不足，对活动的细节多加推敲，力争取得更大进步。

中班

胡桃夹子（第二、三课时）

一、设 计 意 图

近期，我带领本班幼儿欣赏了《蛇偷吃了我的蛋》这个绘本故事，重复的故事情节、有趣的小动物，深得孩子们的喜爱，幼儿时常在表演区中表演这个故事。正如《纲要》中提到的，幼儿艺术领域学习的关键在于充分创造条件和机会，使幼儿萌发对美的感受和体验，引导幼儿用自己的方式表现和创造。我们教师应该给予幼儿支持，经常让幼儿接触适宜的艺术作品，丰富幼儿的感受和体验。所以，我们根据孩子的兴趣点，设计了这一节"游戏化的打击乐"活动——"胡桃夹子"。

说教材

《胡桃夹子进行曲》是俄罗斯浪漫乐派作曲家柴可夫斯基永垂不朽的名曲。本曲是他为芭蕾舞剧《胡桃夹子》所谱的管弦乐组曲。《胡桃夹子进行曲》这部作品共有八段乐曲，充满了童话般的梦幻色彩，其中活泼欢快的节奏、精致优美的旋律，以及相当有特色的清澈透明的音色，无不给人留下难以磨灭的印象。我们选择的《胡桃夹子进行曲》为 G 大调，4/4 拍，用回旋曲式 A B A C A B A 写成。它以清脆的铜管号角般的音调为主，管乐与弦乐轻快地对答，带有浓郁的儿童特点，非常适宜幼儿欣赏。

二、活动准备

第二课时

物质准备：

1. 草地场景。

2. 音乐《胡桃夹子》。

3. 母鸡和蛇图片。

经验准备：

1. 喜欢表演《蛇偷吃了我打的蛋》故事。

2. 欣赏乐曲《胡桃夹子》，体会整首乐曲的干脆、激昂、有力风格，知道这首乐曲可以分为三个部分，每个部分有不同的节奏特点，代表了不同的故事情节。

第三课时

物质准备：

1. 彩虹森林场景、视频。

2. 音乐《彩虹森林》《胡桃夹子》。

3. 乐器：沙蛋、圆舞板。

经验准备：

1. 熟悉乐曲段落，熟悉《蛇偷吃了我的蛋》故事情节。

2. 认识乐器、学会乐器的正确使用方法。

3. 有给乐曲配器的经验。

三、活动目标

第二课时

1.根据乐曲的结构和节奏，大胆创编鸡妈妈和蛇的动作。（认知目标）

2.在表演过程中，能用自己的肢体动作把音乐里的重音表现出来。（技能目标）

3.享受"谁偷了我的蛋"游戏带来的乐趣。（情感目标）

第三课时

1.根据母鸡和蛇在音乐中的形象，尝试用动作还原乐曲。（认知目标）

2.通过集体讨论的形式，根据母鸡和小蛇的动作用恰当的乐器为乐曲配器。（技能目标）

3.喜欢并愿意参与打击乐活动。（情感目标）

四、活动重难点

第二课时

活动重点：根据乐曲的结构和节奏，大胆创编鸡妈妈和蛇的动作。

策略：通过模仿鸡妈妈和小蛇行进时的动作特点，启发幼儿的发散思维，给同一种动物创编不同的动作。并在聆听音乐的同时，引导幼儿把乐曲中 |×0|×0| 和 |××|××| 的节奏型与动物形象进行配对，使创编出的身体动作与乐曲的结构和节奏的特点趋同。

活动难点：在表演过程中，能用自己的肢体动作把音乐里的重音表现出来。

策略：通过分角色玩"谁偷吃了我的蛋"游戏的方式，吸引幼儿参与角色扮演，同时帮助幼儿跟随音乐，合拍地反复练习鸡妈妈和小蛇的动作，合拍地表现出乐曲中的重音。

第三课时

活动重点：在音乐情境中，用圆舞板、沙蛋表现母鸡、蛇的形象。

采取故事带入法，让幼儿在故事情节中感受用乐器演奏的方法。（比如，"吹 吹 吹泡泡"要出短气，吹四个小泡泡；"呜——"要出长气，吹一个大泡泡）

活动难点：初步完成 A′部分的合奏。

用游戏带入法为幼儿创设一个大森林的场景，让幼儿在第二课时律动的基础上加上乐器（魔法手环），当我们的魔法做到位的时候，就会被传送到森林的另一个地方，在吸引幼儿注意力的同时，激发了幼儿参与活动的兴趣。

五、学法

第二课时

采用两种方法设计第二课时教学活动：

1.情景导入法：设置自制的立体草坪，激发幼儿参与音乐活动的积极性。

2.游戏带入法：幼儿是活动的主体，我们在设计活动的过程中要充分考虑到幼儿的年龄特点，让幼儿在游戏中自然而然地完成活动目标，让幼儿喜欢进行艺术活动并大胆表现。

第三课时

采用五种方法设计第三课时教学活动。

1.情景导入法：为幼儿创设"彩虹森林"情境，吸引幼儿注意，调动幼儿参与活动的兴趣，提高幼儿参与活动的专注力。

2.游戏带入法：《纲要》中提出"幼儿园教育活动应以游戏为基本活动"。为了让孩子成为游戏的主人，我从孩子本身出发，选择了孩子们喜欢的"蛇偷吃了我的蛋"这个游戏，让孩子在鸡妈妈如何保护蛋宝宝、小蛇想办法偷吃蛋宝宝的游戏中，通过动作、声音、乐器多种形式感受乐曲的节奏与节拍。同时，让幼儿互换角色，达到完整感受乐曲的目的。

3.启发式教学法：教师通过启发式的语言"母鸡可以发出什么样的声音？""沙蛋沙沙的声音，更像哪种小动物？"等引导幼儿打开思路，尝试探索。

4.自主探究法：活动中，多给孩子提供自主探究的时间，让孩子找到适合的配器方案。

5.幼儿互评法：通过让小朋友之间讲评，吸引幼儿专注参与活动。在互评的过程中，鼓励小朋友发现同伴的优势与不足，尝试迁移到自身当中。

六、活动过程

第二课时

（一）开始部分

幼儿在《胡桃夹子进行曲》背景音乐下入场。（幼儿用拍手表现乐曲中的重音，为接下来的动作还原做准备）

幼儿园游戏化打击乐活动案例

（二）进行部分

1.听音乐＋讨论，引导幼儿创编有节奏的动作。

师：孩子们，你们还记不记得上回谁的蛋被蛇偷走了？

幼1：鸡妈妈！

师：对！就是粗心的鸡妈妈！这回她可要专心保护蛋宝宝了！

有一天，鸡妈妈正在专心孵蛋，那条蛇又来了！他又想偷蛋，可试了好几次都没有成功。正在这时，鸡妈妈累了，去散步了，蛇趁这时候，偷吃了两个蛋。鸡妈妈回来，数了数，发现少蛋了，赶紧跑去追蛇。

鸡妈妈和蛇就藏在下面这段音乐里，请小朋友仔细听一听，音乐里发生了什么事。

聆听整首音乐。（第一遍）

师：小朋友们，你们在音乐里听见了谁？

幼1：听见了蛇。

幼2：听见了鸡妈妈。

师：音乐开头鸡妈妈在干什么？蛇在干什么？鸡妈妈发现蛋少了，然后怎么办了？

幼1：鸡妈妈在孵蛋。

幼2：蛇在找食物。

幼3：鸡妈妈跑去追蛇了。

教师根据幼儿的回答，贴出图片，梳理故事情节。

A 段：鸡妈妈专心守护蛋；蛇试了很多次，想要偷蛋。

B 段：蛇吃掉了两个蛋。

A′段：鸡妈妈回来数了数，发现少了两个蛋，赶紧跑去追蛇。

师：下面，请小朋友们仔细听第一段，听完想一想可以用什么动作来表现。

2.创编 A 段动作。（摆好草坪道具！）

（1）聆听 A 段音乐后讨论。

师：这段音乐表现的是"鸡妈妈正在孵蛋，蛇想要偷蛋"。谁听出来蛇偷了几次蛋？（引导幼儿仔细听重音，偷了 4 次）

"鸡妈妈孵蛋"可以用什么动作表现？"蛇尝试偷蛋"怎样表现？用自己的动作试一试。

幼 1：蛇偷了 4 次。

幼 2：鸡妈妈可以用蹲的动作孵蛋。

幼 3：鸡妈妈可以用摇摆身子的动作孵蛋。

（2）跟随音乐做动作试一试。注意动作要合拍。

师：下面，请小朋友们仔细听第二段，听完想一想可以用什么动作来表现。

3.创编 B 段动作。

（1）聆听 B 段音乐后讨论。

师：这段音乐表现的是"蛇吃了两个蛋"。如果你是小蛇，怎样表现吃蛋？（先吃再揉肚子——仔细听重音，重音是在前面的）用自己的动作试一试。

（2）跟随音乐做动作试一试。注意动作要合拍。

师：下面，请小朋友们仔细听第三段，听完想一想可以用什么动作来表现。

4.创编 A′段动作。

聆听 A′段音乐后讨论。

师：这段音乐表现的是鸡妈妈回来数了数，发现蛋少了，赶紧跑去追蛇。如果你是鸡妈妈，你会怎么表演？用自己的动作试一试。

幼1：用手指一个一个地数蛋。

幼2：用跑步的动作表现追蛇。

跟随音乐试一试。注意动作要合拍。

5.师幼一起将整套动作与音乐结合起来逐步练熟。

刚才小朋友们表演得都很认真，下面我们来把整个故事完整地表演一遍，注意要仔细听音乐哦！仔细听重音，鸡妈妈和小蛇的动作要卡着节奏做！

（1）全体幼儿一起随音乐表演。

（2）分角色表演。老师带女孩扮演鸡妈妈，刘老师带男孩扮演蛇。

（三）结束部分

听音乐自然离开活动场地。

第三课时

（一）开始部分

播放《彩虹森林》律动入场。

师：今天，彩虹森林里又发生了什么事？

（二）进行部分

1.观看多媒体课件欣赏乐曲。（根据幼儿情况，调整看视频的次数）

（1）第一遍看视频：根据母鸡和蛇的动物形象做动作还原。

师：你在视频里看到了谁？

幼：母鸡、蛇。

师：小蛇和母鸡可以用什么动作表演出来？

幼儿能够用身体动作进行音乐的还原。

（2）第二遍看视频：通过拍手的形式，初步感知合奏。

师：我们看着视频拍拍手，出来一只小鸡就要拍一下手。

幼儿能够合着音乐节拍进行拍手。

（3）第三遍看视频：根据母鸡和蛇的角色进行声音的还原。

师：母鸡妈妈在生蛋的时候可以用什么声音表示？

幼：咯咯咯。

幼：叽叽叽。

师："叽叽叽"。更适合小鸡。小蛇出来的时候可以用什么声音表示？

幼：嘶嘶嘶。

师：很好，那么我们看着视频，用声音表现一下这个故事。

幼：能跟随音乐节拍用"咯咯咯""嘶嘶嘶"的声音表现母鸡和小蛇的形象。

2.给乐曲配器并演奏。

（1）讨论配器方案。

师：小朋友发出的声音真好听，小乐器也来参加我们的活动了。大家看有谁。

幼：有圆舞板、沙蛋。

师：小朋友觉得哪种乐器适合母鸡发出的"咯咯咯"的声音呢？

幼：圆舞板。

幼：沙蛋。

师：那我们听音乐试一试吧！

幼儿选择乐器尝试。

师：尝试之后，你们觉得哪种乐器适合母鸡呢？

幼：大部分幼儿同意用圆舞板，只有一位小朋友坚持选择沙蛋。

师：哪种乐器更适合小蛇呢？

幼：沙蛋。

（2）在情境中分角色演奏。

师：请小朋友记住自己扮演的角色，按照视频中出现的顺序进行演奏。

幼儿能够熟练运用自己拿到的乐器给乐曲配器。

师：小朋友做得很好，谁愿意扮演小蛇？谁愿意扮演母鸡妈妈，到小草地上去表演？

师：没到舞台上表演的小朋友一定要仔细看看，他们表演得好不好，哪里好。

（邀请 10 位小朋友表演。5 人扮演鸡妈妈，5 人扮演小蛇）

师：小朋友们，台上的小朋友表演得好不好，哪里好？

幼：他们表演得很合拍。

师：说得好！还有吗？

幼：他们动作好，鸡妈妈一直在护着蛋宝宝。

师：（留住一位鸡妈妈）当小蛇偷蛋的时候，这位鸡妈妈是怎么做的？

幼：小手轰小蛇。

师：小朋友观察得真仔细！谁还能像他们一样来表演？

（邀请 10 位小朋友来表演）

师：这些小朋友表演得好不好，哪里好？

幼：小蛇偷蛋的时候，都悄悄地。

幼：他们也很合拍。

3.完整演奏。

师：小朋友说得很好，接下来请小朋友拿起乐器看视频，也表演一遍。

幼：能够分角色表演。

（三）结束部分

师：今天你们帮鸡妈妈赶走了小蛇，鸡妈妈很开心。彩虹森林故事多，期待我们下次来彩虹森林游玩。

（播放音乐《彩虹森林》律动出场）

活动反思

"胡桃夹子"这个活动是我们班两位老师分别上的第二及第三课时，这是我们初次尝试同一活动分别执教不同的课时。这对于我们的挑战也是不小的，我们要同时熟记两份甚至更多份的教案，活动中要更加细致地观察孩子们表现，才能够有针对性地制定下一步的教学方案。这样的教育活动形式，对于教师的专业成长是有益无害的。下面说一下我们两节活动后的反思。

第二课时反思：

1.教学活动设计充满游戏性，孩子们参与性很高。

2.幼儿前期经验很充分，对乐曲很熟悉，活动也是丰富生动。

3.教师组织能力强，能很好地融入游戏。

4.教学过程结构设计清晰，循序渐进，简单明了。

5.教师自信心有所增强。

不足之处：

1.编动作的环节可以多给幼儿一些机会，试一试不同的动作。

2.动作的细节还需要更丰富一些。

3.游戏前要先提要求，在现场发现男孩在游戏中过于兴奋的时候，应及时指出，并且单独请男孩表演一遍，注意随机教育。

第三课时反思：

1.场景创设烘托游戏氛围。

《纲要》中提倡，幼儿园课程是要"寓教育于生活游戏之中"。幼儿园需要建设游戏化的课程，促进孩子全面和谐发展。在物质准备中，我创设了彩虹森林的场景，还原了《蛇偷吃了我的蛋》这个故事的情节，让幼儿有身临其境的感觉。

2.多媒体的合理运用。

我根据班级幼儿学习特点，将图谱改成短片。一是解决了幼儿注意力集中时间短的问题，因为这种动态的视频更能吸引幼儿的注意力。二是将活动难点简单化，最后合奏部分，母鸡和蛇的节奏是不一样的，动态视频可以清楚地表现出来。三是大屏幕播放，利于幼儿全方位地观看，还能解决教师在指图谱时的站位问题。这个也比较环保，利于保存。

3.故事还原让幼儿更易理解曲式的结构。

通过视频，孩子们回忆故事大概情节：鸡妈妈生蛋，蛇偷蛋，鸡妈妈赶走小蛇。和音乐的曲式结构正好重合。

4.动作及声音的还原贴切幼儿当前发展水平。

在模仿鸡妈妈和蛇的过程中，孩子们能很快地用多种动作表现该动物的形象。在教师的引导下，孩子们结合已有的经验，用动作和声音同时表

中班

现该动物的形象，对于孩子来说也是很难得的，这与教师恰当引导、准确把握当前班级幼儿发展水平是分不开的。

5.游戏活动充分体现幼儿的自主性。

此活动完全让孩子在游戏中完成，给孩子更多自主表现的机会，教师能够放开手，大胆尝试。

活动如果在以下几方面加以改进，效果也许会更好：

1.动作还原后，可以让幼儿集体跟随视频做一遍。

2.集体讨论，尤其是小蛇部分可以再深入些。

我的名字（第一课时）

一、设 计 意 图

本次活动是打击乐《菠菜进行曲》的第一课时，为了帮助孩子们更好地欣赏、了解乐曲的旋律，并且为打击乐活动做铺垫，我将本次活动设计为一次律动游戏活动，以乐曲为载体，用孩子们熟知的经验——自己的名字作为唱词，开展律动游戏。孩子们通过律动游戏，既熟悉了乐曲的旋律和节奏，又实现了还原乐曲的目的。正如《纲要》中所说："既贴合幼儿的现实需要，又有利于其长远发展；既贴近幼儿的生活，选取幼儿感兴趣的事物和问题，又有助于拓展幼儿的经验和视野。"因此，此活动来源于幼儿生活，所以我选取了本次活动。

说教材

《菠菜进行曲》是 19 世纪末盛行于法国的舞曲，快速，2/4 拍，热烈活泼。最著名的是奥芬巴赫所作轻歌剧《地狱中的奥菲欧》中的康康舞曲。孩子们听到乐曲就不由自主地舞动起来。

二、活 动 准 备

物质准备：

1. 乐曲《菠菜进行曲》快慢处理各一首，综合一首。

2. 大鼓一个。

经验准备：有两人互动玩音乐游戏的经验，会玩"找朋友"的游戏。

三、活动目标

1.知识目标：学习律动游戏"我的名字"。

2.技能目标：感知乐曲的节奏，并能用做、说、唱、跳的形式表现乐曲节奏的快慢变化。

3.情感目标：在游戏的过程中产生愉悦感，体验与同伴互动游戏的快乐。

四、活动重点和难点

活动重点：能用做、说、唱、跳的形式感知、表现乐曲节奏的快慢变化。

活动难点：尝试用动作、歌唱的形式表现乐曲节奏变化。

五、学法

采用四种方法设计本次教学活动。

1.游戏练习法：以"大风吹"游戏导入，幼儿随着音乐的快慢模仿小树叶随风摆动，初次感受乐曲的快慢变化；在学唱歌曲《我的名字》时，幼儿合作游戏，反复尝试。

2.观察法：幼儿认真观察教师的游戏示范，从而获得对游戏的最初感知。

3.多渠道参与法：幼儿通过听听、唱唱、玩玩等形式参与活动。

六、活动过程

(一) 游戏 "大风吹", 初步感知乐曲节奏的快慢变化, 激发游戏兴趣。

(二) 用做做、说说、唱唱、跳跳的形式玩游戏, 进一步感知、表现乐曲节奏的快慢变化。

1. 做做, 幼儿听音乐随教师做律动, 初步感知乐曲的节奏和旋律。

(1) 播放一遍慢节奏的《菠菜进行曲》, 教师带领幼儿做律动。

(2) 播放一遍快节奏的《菠菜进行曲》, 教师带领幼儿做律动。

师: 大家说说两次律动有什么不一样。接下来让我们再来一起试试慢节奏和快节奏的表演。 (见图 71)

(3) 播放一遍快慢节奏交替的《菠菜进行曲》, 师幼一起做律动。

2. 说说, 语言游戏 "你是谁", 采用一问一答的形式, 在快慢交替的鼓点配合下, 以相应节奏说出自己的名字。能用语言表现节奏的快慢变化。

3. 唱唱, 学唱歌曲《我的名字》, 理解歌词并感知歌曲的情绪。

(1) 教师做动作, 完整范唱歌曲《我的名字》。

(2) 学习歌词。

重点练习: 来来, 我是某某某呀, 某某某同学。 (幼儿分别练习自己的名字) (见图 72)

(3) 在老师的带领下, 学习完整律动《我的名字》。

(4) 尝试快慢交替地律动表演《我的名字》。

4. 跳跳, 游戏 "找朋友", 接唱自己的名字, 感受游戏带来的乐趣。

(1) 教师示范游戏玩法。 (师清唱玩一遍, 请幼儿唱玩第一遍)

(2) 幼儿游戏, 教师伴随游戏。

（三）结束部分

游戏：风筝回家。

活动反思

我们常说："兴趣是最好的老师"。中班上学期孩子的注意力集中的时间很短，所以，我在设计教学活动的时候以有趣的游戏形式创设游戏情境，来贯穿活动的始末；而且，我在活动中尽量运用丰富、夸张的体态语言，语言要浅显、易懂，易于幼儿理解。

在本次活动前，我经常领幼儿做拍手、拍肩朗诵儿歌的活动。课间休息时，我打开录音机和幼儿一起欣赏歌曲；在过渡环节，我以简单的旋律加上肢体动作调动幼儿的注意力。几天下来，幼儿对乐曲的前奏、间奏有了初步的感受。这些为本次活动打下了基础。

通过这次活动，我得到了以下几点启示。

1.注意教的对象，应关注每个幼儿的学习。

由于每个孩子的认知结构和原有经验不同，而教学过程又是一个动态的过程，活动中出现的具体情境是多种多样的。今后在组织活动时，我应该密切关注每个幼儿的反应，针对不同的孩子，提出不同的质疑，进行恰当的引导，真正实现面向全体，这样才能使幼儿主动地学习。

2.注意教的艺术，应让幼儿在主动建构中学习。

教师在教学中，不应一味直接地讲授，将自己的思想强加给孩子，而要善于合理运用间接引导，启发孩子学习，引发孩子思考。通过问题的巧妙设置，让孩子在主动建构的过程中学习。因此，本次活动我在教的过程中缺乏教的艺术，缺乏具有多样性、针对性、呈现梯度的问题情境，今后

幼儿园游戏化打击乐活动案例

我还应以积极的情感策略支持幼儿的主动学习，通过动作、语言、神态等方式让孩子深切地感受到情感氛围，从而使幼儿获得真正的发展。

附　图

图 71

图 72

木瓜恰恰恰（第三课时）

一、设计意图

《纲要》中指出："艺术是实施美育的重要途径，应充分发挥艺术的情感教育功能，促进幼儿健全人格的形成，激发幼儿感受美、表现美的情趣，丰富他们的审美经验。在艺术中体会快乐。"而打击乐演奏是幼儿园艺术教学之一，它不仅能帮助幼儿初步掌握节奏，还能培养幼儿的合作意识以及表现力。

本次活动我挑选的《木瓜恰恰恰》是一首改编歌曲，曲风来自印尼的热带雨林风情，旋律活泼流畅、节奏明快跳跃、段落清晰分明、意境优美，里面有很多幼儿喜欢的水果，具有较强的感染力。本乐曲以A、B两段构成，且分段鲜明，易于幼儿欣赏分辨，较适合以打击乐的形式来诠释对乐曲的表现。随着幼儿对乐曲结构及内涵理解能力的提高，加上我班幼儿非常喜欢节奏表达方式，喜欢用各种乐器来表达内心的情感，有一定的演奏基础，因此以《木瓜恰恰恰》开展打击乐活动，可以让幼儿感受到节奏活动带来的快乐，并提升他们对音乐的感受力、表现力，以及与同伴合作演奏的能力。

说教材

《木瓜恰恰恰》是印度尼西亚流传很广的一首歌曲，歌曲分为三段体，大调式，运用了恰恰恰的节奏，使歌曲显得非常活泼并富有情趣。本次活动的授课对象主要是中班，中班幼儿已经有了音乐节奏和初步合作的意识，他们的掌握能力也较好，而我选择的《木瓜恰恰恰》这首乐曲主要是通过欢快的旋律来表现卖水果的喜悦心情。歌词非常适合中班幼儿进行改编活动及演奏活动。

二、活动准备

活动准备在整个环节中相互渗透，它是吸引幼儿的重要途径。为此，我做了如下准备。

经验准备：了解生活中卖水果的情景，以及对水果的了解。

材料准备：画有各种水果的卡片、打击乐器、图谱。

三、活动目标

1.情感目标：感受乐曲旋律，体验打击乐的快乐。

2.技能目标：能运用乐器打击表现出 |×0000|、|×××|、|×××|、|××××|节奏。

3.认知目标：感受音乐4/4拍的节奏，了解节奏变化的多样性。

四、活动重难点

1.活动重点：感受音乐4/4拍的节奏，了解节奏变化的多样性。

2.活动难点：能运用乐器打击表现出 |×0000|、|×××|、|×××|、|××××|节奏。

五、学法

《纲要》中指出："教师应成为幼儿学习活动中的支持者、合作者、引导者。"活动中，我力求采用"做中学，玩中学，生活中学"的主要学习方法。所以，本次活动中我采用的主要教法有多媒体演示法、引导法、情景教学法和启发提问法。而本次活动幼儿采用的学法是游戏法、讨论法、尝试创编和小组合作法。

六、活动过程

（一）开始部分

幼儿随音乐《加沃特舞曲》入场。

（二）进行部分

1.出示图谱，复习乐曲。

师：今天有几个水果朋友来和我们做游戏，你看看今天来了几种水果朋友？这些水果说要给你们演唱一首你们熟悉的歌曲，我们一起来听一听。（见图73）

2.幼儿创编乐曲中"恰恰恰"的动作。

（1）让幼儿讨论哪句是水果宝宝在跳舞。

（2）分别请幼儿创编"恰恰恰"的动作。

（3）幼儿随乐曲完整做动作，以"恰恰恰"为重点。

3.出示乐器，幼儿讨论如何为乐曲配伴奏。

（1）讨论这几种水果分别可以用什么乐器伴奏。

A："菠萝"处可用什么乐器伴奏？

B："樱桃"处可用什么乐器伴奏？

C："木瓜"处可用什么乐器伴奏？

（2）教师哼唱，幼儿分组拿乐器尝试演奏。（见图74）

（3）幼儿集体随乐曲完整演奏。

4.幼儿自由尝试变换图谱顺序并进行完整演奏。

（三）结束部分

幼儿有序地收拾乐器，结束活动。

活动反思

《木瓜恰恰恰》是一首充满印尼风情的作品，旋律简洁，节奏明快，乐段清晰，富有感染力，特别是"恰恰恰"的加入，更是体现了作品轻松明快、活泼热情的特点，是一首非常适合中班幼儿年龄特点的曲子。

本次音乐活动属于打击乐活动，我们班的孩子都很喜欢打击乐活动，因此，在本节活动中幼儿的积极性很高。在我有序的组织中，孩子们能跟着我进行一系列活动，如根据图谱进行拍手，跟着恰恰恰的节奏进行动作表现，用打击乐器为音乐伴奏，等等，效果很不错。

在活动中，我先出示幼儿喜欢的水果图谱吸引幼儿的注意力，学习音乐的节奏型。经过反复的练习，幼儿不需要老师的提醒就能较好地根据图谱有节奏地拍手；接着，通过引导幼儿动作表现，启发幼儿重点掌握恰恰恰的节奏，同时还鼓励幼儿将图谱与音乐相结合。在进行配器和打击乐活动中，我先引导幼儿思考配器方案，再请幼儿说出配器方案的幼儿进行示范与表演，帮助其他幼儿学习怎样进行打击乐活动，也是由于这一环节做了良好的铺垫，所以最后在孩子们的完整演奏中，基本都能够准确地进行打击乐活动，并且幼儿之间配合得很好。

整个活动下来，幼儿的积极性一直很高，并且能有序地进行打击乐的演奏。当然，在本次打击乐活动中也存在着许多不足。首先，在打击乐器的常规培养方面，什么时候发出声音，不能乱敲乱打，还需要老师的正确指引；其次，在游戏性上还需要加强，应给孩子创设一定的游戏环境；再次，在最后一个环节请幼儿自由变换图谱顺序并完整演奏时，我应该让幼儿在换图谱顺序时将小乐器也跟着变换；最后，本节活动下来，感觉活动的难度不够，挑战不够，孩子们没有获得更大的提升。

因此，在今后的打击乐教学活动中，我将努力提高自己的音乐素养及打击乐的执教水平。

附　图

图73

图74

匈牙利舞曲第五号（第三课时）

一、设计意图

打击乐器演奏是幼儿园音乐教学的内容之一。许卓娅在《打击乐器演奏活动》一书中曾提出："打击乐器演奏教学不仅能帮助幼儿初步掌握乐器演奏的一般知识和技能，发展节奏感，而且能发展幼儿对音色、曲式结构、多声部表现力的敏感性，培养幼儿基本的合作意识、创造意识、组织纪律性和责任感。"中班下学期的幼儿对于一拍一下的节奏型已基本掌握，同时又对打击乐活动充满了兴趣。我在原有教材的基础上，首先以情景游戏导入，为幼儿创设一个宽松的氛围；又抓住幼儿喜欢宝石的心理出示宝石山的形象，激发幼儿兴趣；通过设置问题引导幼儿积极动脑思考，充分发挥想象，进一步激发幼儿积极探索的欲望和兴趣；又利用情景游戏环节帮助幼儿感受和体验小矮人挖宝石的各个情节，引导幼儿为不同节奏型配器，培养幼儿的自信，进而能够提高幼儿对打击乐的欣赏能力。

说教材

《匈牙利舞曲第五号》是一首世界名曲，是德国作曲家勃拉姆斯的作品。曲风活泼欢快，旋律热情奔放。乐曲结构为 A B A，A 段音乐轻快柔和，而 B 段音乐快速而紧张，A、B 两段音乐形成了明显的对比，听上一遍就能给人以深刻的印象。

二、活动准备

经验准备：

1.幼儿前期欣赏过《匈牙利舞曲》，玩过"小矮人挖宝藏"的音乐游戏，能够通过肢体动作掌握歌曲节奏。

2.幼儿对乐器的正确使用方法都已掌握。

物质准备：

1.图谱、PPT、宝藏山场景。

2.活动音乐《匈牙利舞曲》。

3.铃鼓、圆舞板、铜碰钟若干。

三、活动目标

根据中班幼儿发展特点，我为此活动内容制定了以下三大目标。

1.认知目标：通过倾听与比较，幼儿能够选择与乐曲音色相匹配的打击乐器进行演奏。

2.技能目标：能够看指挥进行完整的打击乐演奏。

3.情感目标：幼儿喜欢参与打击乐活动，享受打击乐演奏的快乐。

四、活动重点和难点

活动重点：幼儿能够从动作转换为打击乐演奏，进行完整的打击乐演奏。

活动难点：幼儿能够选择与乐曲音色相匹配的打击乐器进行演奏。

五、学法

倾听法、游戏法、合奏法。 （游戏法的运用是为了让幼儿在轻松愉快的游戏活动中，加深对节奏的掌握）

六、教法

《纲要》中指出，艺术是要让幼儿"大胆地表达自己的情感、理解和想象"；"重视幼儿合作、表达与交流能力，促使幼儿积极、主动、大胆地表现自己，具有自信心的精神"。所以本次活动中我主要用到的教法有情境引入法、教具直观演示法、游戏法。

七、活动过程

1.随音乐《匈牙利舞曲》入场。

听舞曲，复习律动。

师：今天杨老师发现了一座宝石山，山上有好多好多漂亮的宝石，你们想不想去挖漂亮的宝石啊？我们一起去吧！

幼儿听音乐做律动。 （见图75）

分析：播放音乐，感受乐曲的旋律及节奏特点，出示小矮人挖宝藏情景，播放音乐带领幼儿用身体动作的还原表演复习乐曲节奏型，为从身体动作到演奏的转换做准备。本环节我在游戏场景上布置了一座小山，当小矮人挖到宝藏后会出现宝石，这个场景布置大大提高了幼儿参与活动的积极性。

2.出示图谱和乐器，重点引导幼儿完成从动作到打击乐演奏的转换。

师：老师这儿有一幅宝石山的挖宝图，我们一起来看看吧！ （出示

图谱)

带幼儿观察图谱，根据图谱打节奏。

师：这次我们按照挖宝图去挖宝石，肯定能挖到更多更漂亮的宝石。

幼儿听音乐打节奏。

分析：图谱在这个环节能够帮助幼儿更深刻地理解乐曲中节奏的快慢变化，幼儿能够用眼看到教师对乐曲的分析，进一步加强幼儿对乐曲的理解和对节奏的掌握。（见图76）

3.出示乐器，听乐器音色选择配器，并听音乐，尝试合奏最后一个乐句。（重点：引导幼儿根据乐曲音色配器）

师：小乐器们也想和你们一起挖宝石，快来看看它们都是谁吧，它们是圆舞板、铜碰钟和铃鼓。我们来讨论一下，根据线路图的每个步骤的音乐，你想带着哪个小乐器去挖宝石，为什么？（重点：引导幼儿根据乐曲音色配器）（见图77）

师：请小朋友们选择自己喜欢的小乐器，我们准备一起去挖宝石吧！

幼儿听音乐看图谱进行演奏。

分析：本环节我对音乐进行了分段截取的处理，在为每段音乐配器前先请幼儿仔细听音乐的感觉再配器，幼儿能够更恰当地选择乐器，给了幼儿更多聆听音乐、欣赏音乐的时间，在一遍遍分段听音乐的过程中也加深了幼儿对音乐节奏的理解与掌握。图谱在本环节起到了配器标志的作用，在看图谱进行演奏时能够提示使用不同乐器的幼儿进行打击乐伴奏。

4.请幼儿一起听音乐看指挥共同演奏。

师：小朋友们，你们挖了这么多宝石，真厉害！这次你们能不能不看图，看老师的指挥呢？我们一起来试一试吧！

演奏后调整，交换乐器再次进行。（见图78）

分析：经过前面几个环节，幼儿对于节奏经验的积累已经达到了教师所预设的目标，所以本环节幼儿能够顺利地脱离图谱看指挥演奏。但是在演奏过程中可以出现图谱为幼儿进行提示，不能完全撤下图谱，这样也会对幼儿造成干扰。

5.送乐器退场。

你们真棒，挖到了这么多宝石，我们快带着挖到的宝石回去吧！（随音乐退场）

活动反思

近期本班幼儿对宝石贴画非常感兴趣，所以我创设了小矮人挖宝藏的游戏情境。此次活动幼儿的参与性很高，很积极，而且想象力丰富，大部分幼儿都能够投入角色，在选择乐器上能够大胆地发表自己的见解，在打击乐活动中能够看图谱跟着节奏演奏。

活动中第一次挖宝石时我选择了使用实物，幼儿的积极性很高，但出示图谱撤下实物后，明显感觉幼儿积极性没有前一次高涨，在以后的课程设计中可以多一些实物，让幼儿能够真正地玩起来。

在选择乐器环节，我将乐曲分段截开，请幼儿听音乐音色后再选择匹配的乐器，此环节目标定得不是很准确，应该是根据音乐的节奏感觉选择乐器，幼儿能够根据音乐的感觉、节奏型匹配乐器，虽然目标过高，但也给幼儿在选择乐器方面多了一些空间。

在以后的课程设计上我要多斟酌目标的设定，根据本班幼儿年龄发展定目标，在各个环节要做到真游戏而不是形式上的游戏，要把更多的主动权交给幼儿，给幼儿更多的发挥空间。

附　图

图 75

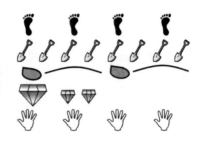

图 76

图 77

图 78

狮王进行曲（第三课时）

一、设 计 意 图

　　活动来源于孩子的生活，动物是孩子们都感兴趣的，幼儿与动物之间似乎有着一种与生俱来的默契，经常听他们说喜爱看"人与自然""动物世界"等。他们热衷于讨论"恐龙家族"，他们忙碌着为饲养的小动物喂食，互相讲述着"大森林里的故事"……这些活动的主角总离不开老虎、狮子、狐狸、兔子等。之所以选择此次活动，主要是结合我班主题，也是围绕孩子们感兴趣的动物展开的。

　　活动充分给幼儿提供了一次探索动物奥秘的机会，让幼儿在玩耍中主动参与音乐学习，并根据中班幼儿的年龄特点及发展需求拟定了本次活动，从而以他们为主体使其在活动中获得愉快与满足。

说教材

　　本次执教的活动是管弦乐曲《狮王进行曲》，它是法国作曲家圣桑《动物狂欢节》中的一个片段，是一首由双钢琴与弦乐五部共同完成的乐曲，采用对比性中段的单三部曲式，极富形象性与趣味性。整个乐曲用钢琴的颤音、沉重有力的顿音、浑厚低沉的旋律，表现了万兽之王威风凛凛的步伐和神态，节奏鲜明、生动、有趣，动物形象栩栩如生，非常容易吸引孩子。

二、活动准备

物质准备：

1.图谱、音乐。

2.狮王和各种小动物胸贴。

3.乐器。

经验准备：

1.幼儿已熟悉《狮王进行曲》，并进行身体律动表演。

2.幼儿认识乐器并能够正确使用乐器。

三、活动目标

1.情感方面：体验在《狮王进行曲》打击乐活动中与同伴合奏的快乐。

2.能力方面：尝试按乐曲中小动物、大狮子、小狮子的音乐特点选择适合的配器方案。

3.认知方面：学会按照图谱中小动物、大狮子、小狮子的角色进行演奏。

四、活动重点和难点

活动重点：学会按照图谱中的角色进行演奏。

活动难点：尝试按乐曲中音乐的特点选择适合的配器方案

五、学法

打击乐活动是幼儿非常喜爱的一种集体音乐活动，但音乐变化快，且复杂、长，幼儿较难掌握。本课的设计以游戏法为主，引发幼儿学习的兴趣。通过听听—说说—看看—演演几个环节，紧紧围绕兴趣是学习的基本动力这一原则，让幼儿感受、熟悉、理解、表现音乐。

针对幼儿爱听故事的特点，前期我尝试利用故事和音乐匹配，让幼儿对音乐的内容和结构有初步的印象。使用了操作法，并根据音乐设计了一份图谱，让幼儿听音乐，看图谱，做动作，使幼儿在动动玩玩中感受、理解音乐，享受音乐活动的乐趣，调动幼儿学习的积极性、主动性和创造性。

六、活动过程

（一）随音乐《狮王进行曲》做律动入场（见图79）

在活动开始，教师带领幼儿边听音乐边模仿小动物的动作进入教室。游戏是幼儿喜爱的活动形式，以游戏的形式展开课题更能激发幼儿的兴趣，同时，为幼儿表演乐曲中的小动物做了准备。

（二）分角色表演《动物狂欢节》的节目（见图80）

教师以情境的方式导入——森林里要开动物狂欢节了，大家都准备了节目，我们赶快先找一个位置坐下来吧！刚才我们已经练习了一遍我们的节目，大家表现得很不错，现在我们要根据角色再练习一遍，接下来分角色扮演，一位教师代表狮王，其他两位教师分别代表小狮子和小动物。让幼儿自主选择，想扮演哪个角色就站到哪位教师的旁边，提示幼儿要听到自己扮演角色的音乐时再做动作。

（三）出示图谱，引导幼儿看图谱用身体动作表现乐曲节奏（见图81）

图谱不仅能帮助幼儿理解、记忆乐曲旋律，同时还包括节奏、音节等元素在里面，能够充分调动幼儿的视觉、听觉及身体动作的参与。

（四）出示乐器进行配器讨论（见图 82）

1.根据动物的角色特点讨论并选择适合的乐器。

教师进行提问：你们喜欢用什么乐器代表小动物、大狮子、小狮子，为什么？

2.幼儿自主选择乐器，尝试用乐器演奏。

教师请幼儿分组进行乐器演奏。在演奏过程中，鼓励幼儿大胆表现。幼儿艺术活动的能力是在大胆表现的过程中逐渐发展起来的，教师的作用主要在于激发幼儿感受美、表现美，丰富他们的审美经验。

3.集体再一次进行演奏，在此基础上，根据幼儿的发展状况和需要，对表现方式和技能技巧给予适时、适当的指导。

（五）幼儿进行交换乐器演奏（见图 83）

鼓励幼儿尝试使用不同乐器进行演奏。

（六）收乐器（见图 84）

师：我们刚才表演得太棒了，下次我们还来参加动物狂欢节。

（七）听音乐退场

活动反思

第一次进行全园的打击乐观摩活动，在开始阶段很是茫然，不知从何下手，但经过不断的教研及看其他教师的观摩活动并参与研讨，受益匪浅，从各位老师身上学习到了很多，也受到了很多启发。开始上课时有些紧张，但很快就能够调整自己，慢慢放松下来。我们三个老师的状态还是不错的，配合得很有默契。

下面就我的打击乐活动进行反思。本次打击乐课选自《动物狂欢节》

里的《狮王进行曲》，活动内容符合中班的欣赏水平，乐曲生动、有趣，动物形象鲜明。幼儿愿意参与其中，能够抓住角色特点去表现大狮子、小狮子、小动物。

在活动过程中，教师思路清晰，每一个环节都衔接流畅、自然，层层递进，由易到难。从目标来看，孩子在打击乐活动中体验到与同伴合奏的快乐。在进行配器环节，幼儿可以根据乐曲中不同的特点选择适合的配器方案，但教师干涉幼儿过多，没有发挥幼儿的主体性。在掌握角色特点后，大部分孩子能够听音乐有节奏地进行演奏。孩子的表现大部分还是不错的，能够集中注意力，很自主地去探索，跟随教师进行活动。

但在活动中还是存在很多不足，也是因为自己经验不足，没有预备出多种方案。教师的重点指导语还需要再精练些，减少一些不必要的话，应简单、清楚地让孩子理解。在活动开始时，音乐不能够外放，声音很小，所以很担心孩子听不清小动物出场的音乐，后来音乐又突然不出声了，情急之下为了避免让孩子有太长的等待时间，我就只能选择哼唱着音乐给他们打节奏进行练习，继续按照课的流程往下进行，没有达到预想的效果。

通过此次事情，也让我知道了上课前一定要想到多种可能的突发事件，多几种预备方案，以防万一。还有就是教师一定要具有一定的处理突发事件的能力，不要因外界因素而不知所措，要尽快想到解决问题的方法。还有在过程中没有过多地关注幼儿，应关注幼儿，使其获得一定的知识再进入下一个环节。在乐器使用上，我还应该注意把要求提在前面，以免孩子有乱敲、乱动乐器的行为。我会针对自己的不足加以改进，取得更大的进步。

附　图

图 79

图 80

图 81

图 82

图 83

图 84

杨柳青（第三课时）

一、设计意图

打击乐教学是幼儿园音乐教学的一个重要组成部分，每个孩子都喜欢敲敲打打，对声音有一种天生的敏感性，打击乐就十分贴切地反映了儿童的这一特点。

本次的打击乐活动我挑选的是乐曲《杨柳青》，它是江苏扬州的一首民歌，该乐曲节奏鲜明，旋律优美，同时还十分富有音乐的喜感，是一首典型的打击乐乐曲。结合我班近期开展的主题活动"春天里我的发现"，便有了本次打击乐教学活动。

说教材

《杨柳青》是一首富有江苏民间音乐风格的乐曲，该乐曲的曲调为五声宫调式，全曲欢快活泼、热情风趣，曲调变化较自由，旋律起伏大，节奏跳跃，具有浓郁的地方特色，该曲第一乐句、第二乐句均为6小节，其中末两小节均为衬词；第三乐句、第四乐句则全由具有浓郁的方言特点的衬词构成，造成一种诙谐的情趣，增强了扬州民歌的风格。

二、活动准备

1.小动物图谱、乐曲《杨柳姑娘》《杨柳青》。
2.鼓、碰铃、圆舞板。

三、活动目标

1.看指挥能正确地打出相应的节奏型。

2.通过集体讨论研究配器方案。

3.感受与同伴一起演奏的快乐。

四、活动重点和难点

1.随音乐能正确地打出不同的节奏型。

2.通过看图谱能够正确地进行轮奏。

五、学法

《纲要》中指出："教师应成为幼儿学习活动中的支持者、合作者，引导者。"活动中，我力求采用"做中学，玩中学，生活中学"的主要学习方法。所以，本次活动中我采用的主要教法有引导法、情景教学法和启发提问法。而本次活动幼儿采用的学法是游戏法、讨论法、尝试创编和小组合作法。

六、活动过程

（一）开始部分

幼儿随《柳树姑娘》音乐做律动进入教室。

（二）进行部分

1.复习《杨柳青》音乐，幼儿自由拍打节奏。（见图85）

2.分乐句练习节奏型。

(1) "你们看，谁飞来了？"（小鸟）"小鸟是听着好听的音乐飞来的，那我们跟着小鸟一起来打一打节奏吧！"（听第一段音乐，幼儿看图谱拍打节奏）

(2) "好像有一只动物听着好听的音乐赶来了，你们猜猜它会是谁呢？这只小动物它可是跳着来的！"（小兔）"那我们来跟着小兔一起演奏吧！"（听第二段音乐，幼儿看图谱拍打节奏）

(3) "看看，大嘴巴青蛙跟着小兔也跳来了，那我们来演奏一下。"（听第三段音乐，幼儿看图谱拍打节奏）

(4) "还有一群小鸟带着青蛙也赶来了，我们再来试一试吧！"（听第四段音乐，幼儿看图谱拍打节奏）

3.集体按节奏型随乐曲完整拍打节奏。（见图86）

4.出示乐器，幼儿自由探索配器方案。

(1) 讨论这些小动物们分别可以用什么乐器伴奏。

A："小鸟"可用什么乐器演奏？

B："小兔"可用什么乐器演奏？

C："大嘴巴青蛙"可用什么乐器演奏？

(2) 教师哼唱，幼儿分组拿乐器尝试演奏。（见图87）

(3) 幼儿集体随乐曲演奏第一遍，提醒幼儿注意乐器的使用规则。（见图88）

(4) 幼儿听音乐看指挥演奏第二遍，提醒幼儿注意看教师指挥。

(5) 请幼儿自由交换乐器，看指挥演奏乐曲第三遍。

（三）结束部分

幼儿有序地收拾乐器，结束活动。

活动反思

《杨柳青》是江苏扬州的一首民歌，它所要表达的意思是："美丽的春天，柳枝换上了绿衣裳，在春风中轻轻飘舞，大燕子、小燕子从南方飞回来了，蓝蓝的池塘里，鸭子嘎嘎叫，大鱼小鱼快活地游来游去。"《杨柳青》这首乐曲的特点是节奏鲜明，2/4拍，节奏特点是强弱，第一拍强，第二拍弱，乐曲旋律优美，幼儿能很容易地找到节奏。

在今天的活动过程中，我从三个环节进行，环节一是复习乐曲，让幼儿随音乐自由动作表现，这一环节主要是想让孩子们再次充分感受音乐；环节二，我让幼儿尝试看图谱打节奏，主要是分乐句让幼儿练习节奏型，为接下来的演奏做铺垫；环节三，是让幼儿自由讨论配器方案。《纲要》中指出："让幼儿倾听和分辨各种声响，引导幼儿用自己的方式来表达他对音色、强弱、快慢的感受。"于是在今天的打击乐活动中，我给孩子们准备了铃鼓、碰铃、圆舞板三种不同的打击乐器，可在一定程度上满足幼儿探索这些不同音色乐器的兴趣。在今天的整个活动过程中，我发现孩子们对于打击乐活动还是非常感兴趣的，他们对这首曲子的感受是非常优美、好听、舒服，在分乐句练习节奏时，我提供的小动物图谱清晰易辨，孩子们很感兴趣也很容易掌握。

当然，除此以外，在这次活动中也有很多不足的地方。

在配器环节，应该在出示乐器时让个别孩子上来敲一敲，听一听，再让孩子们配器，最终找出适宜的乐器。同时，在这一环节教师也应加入共同讨论。

在分段听音乐时，每个乐句前应加一个前奏，这样便于孩子有一个准

幼儿园游戏化打击乐活动案例

备的过程。

活动过程中还是缺乏游戏性，这方面有待我不断研究和探索。

总之，在打击乐活动中，幼儿只有拥有了参与活动的主动性、积极性，才能感受打击乐的美妙，才会对打击乐充满激情；同时，我们教师只有真正成为幼儿活动的合作者、引导者、支持者，才能真正增强幼儿的积极性、主动性、创造性。

附　图

图 85

图 86

图 87

图 88

大班

春天来了（第二、三课时）

一、设计意图

《纲要》中提到，艺术是幼儿感性地把握世界的一种方式，是表达对世界认识的另一种"语言"。美的音乐作品能给幼儿带来美的享受和充分的想象空间。在欣赏美的音乐作品时，能用动作、律动、歌唱、语言等形式表现音乐相应的情绪和情景是 5～6 岁幼儿的基本能力要求。在本次欣赏音乐作品的过程中，充分理解幼儿的兴趣和感受，提供宽松的心理环境，创设情境，利用多种形式的教学支持，可以激发幼儿的情感体验，从而获得愉悦的审美感受。

说教选材

蒙古族歌曲《春天来了》情绪欢快奔放，节奏动力感极强。在本次活动中，教师旨在通过引导幼儿在熟练感知乐曲旋律、节奏的基础上，探索节奏型为乐曲伴奏，让幼儿充分感受乐曲带来的活泼、欢快的情绪，并在活动中相互协作、自我控制，体验与同伴合作表演的快乐。

说学情

本次课程教学对象是 5～6 岁的幼儿，这个年龄段的孩子对音乐有着浓厚的兴趣，能通过自己的想象，感受和表现几种不同风格的音乐或舞蹈，并且开始有用创作表达自己想法的兴趣。本班幼儿在中班时已经接触过打击乐教学，对打击乐器有一定的了解，已经不满足于传统照谱演奏的方式，用打击乐器作为探索音乐的工具，用自己的配器方案表达自己的理解和想象更为适合他们。

二、活动准备

第二课时

1.经验准备：欣赏、熟悉乐曲，之前活动中有过节奏游戏练习。

2.物质准备：节奏谱、圆圈若干、音乐。

第三课时

1.环境创设：开阔的教室。

2.知识经验：幼儿已欣赏过《春天来了》，并用律动等方式表现乐曲，总结出乐曲总谱，并对乐曲结构有一定了解。

3.物质准备：相关图谱、打击乐器、帽子等。

三、活动目标

第二课时

1.在掌握舞蹈动作的基础上，通过分组讨论的形式将动作转换成乐曲图谱。（能力）

2.通过制作图谱，了解一拍一个动作或两拍一个动作的规律。（认知）

3.喜欢与同伴沟通，享受打击乐探索活动的乐趣。（情感）

第三课时

1.尝试为乐句匹配合适的节奏型，并能看图示大胆地进行伴奏。（音乐素质发展要求）

2.了解和把握所有声部合奏的整体音响形象，并要求各声部在演奏时随时注意倾听其他声部的演奏，在知你知我知他的基础上达到配合一致。（学习素质发展要求）

3.在为乐曲伴奏的过程中体会合作的乐趣。（素质发展要求）

四、活动重点和难点

第二课时

重点：通过小组讨论，将动作总谱转换成乐曲图谱。

难点：动作与节拍之间的有序整理与协调。

第三课时

重点：能够用自己创作出来的节奏型为乐曲伴奏。

难点：学看双声部伴奏谱，在演奏自己声部的基础上倾听其他声部，达到和谐统一。

五、说教法

第二课时

采用四种方法设计第二课时教学活动。

1.情境教学法：创设篝火晚会的情境，让幼儿在具体的情境中不断地进行学习和探索。

2.活动操作法：通过操作图片激发幼儿与同伴进行交流与合作。

3.示范讲解法：教师利用圆圈图片，为幼儿讲解不同节奏型，便于幼儿理解。

4.游戏带入法：幼儿通过节奏游戏，体验将肢体动作转换成不同节奏型。

第三课时

1.游戏法：通过节奏游戏，让幼儿自己找到不同节奏型并尝试为乐句伴奏。

2.经验迁移法：本节课是在幼儿已经欣赏过乐曲，并根据情境用身体律动表演过音乐角色的基础上，转化为用打击乐器伴奏。此举降低了学习难度，同时也提高了幼儿完成伴奏的成就感。

3.直观演示法：针对教学中幼儿刚从身体律动转化为打击乐器伴奏，注意力容易分散的问题，我选择了用纸杯演示的方法帮助幼儿准确把握各个乐句。

六、说学法

第二课时

1.交流讨论法：幼儿通过小组讨论的形式进行动作还原。

2.观察法：幼儿通过观察舞蹈动作来还原节奏型。

第三课时

1.游戏法：通过游戏的方式引发兴趣。

2.观察法：通过观察，使幼儿更加准确地操作。

3.操作法：通过实物谱迁移，降低了演奏难度。

七、活动过程

第二课时

（一）进场

1.听《春天来了》音乐进场。（集体舞）（见图89）

师：春天来了，我们要听着音乐开篝火舞会去了。

2.分三组坐好。

（二）导入

师：刚才小朋友表现得真棒！听到这么好听的乐曲，其他班的小朋友也想听着音乐为我们大二班的小朋友伴奏，让咱们的舞会更热闹一些。但是现在这张图谱还是空的呢，所以，今天要请大二班的小朋友一起来完成一张完整的图谱，送给其他班的小朋友，邀请他们一起参加咱们的舞会，为我们来伴奏！

（三）节奏游戏

师：在完成图谱前，咱们先玩一个小游戏。今天孟老师带了很多小圆圈，一会儿我用身体动作拍出节奏，你们用图片帮我摆出来，咱们来配合一下。（请幼儿到前面摆出节奏卡片）

1.拍两下 |×　×|。

2.拍四下 |×　×　×　×|。（见图90）

（四）分组讨论演奏图谱

1.教师讲解并提要求。

师：我们今天要根据舞蹈动作的节奏来还原我们的乐曲图谱。黑板上有小节线，一会儿每组负责一段乐曲，老师还为小朋友们准备了很多红色和黄色的小圆圈，一会儿根据你们的动作来完成图谱。（男孩：黄色；女孩：红色）

重点提示：①颜色分男孩女孩，不要摆错了；②有的组圆圈有大有小，想一想什么时候放小的合适；③每组要分工协作（谁是摆图谱的，谁是做动作的，谁是整理动作的）。

2. 分组讨论，讨论后期放音乐倾听。（见图 91）

（五）根据图谱，尝试用手拍出演奏图谱

1. 教师带领幼儿分析图谱。（每组请一名代表说出本组图谱的制作想法）

重点：B 段（快节奏如何表示）和 C 段（男女交替动作进行）。（见图 92）

2. 尝试用手拍出节奏（2 ～ 3 遍练习）。（见图 93）

3. 教师小结。

（六）篝火表演和展示

1. 分组进行篝火表演和拍手演奏。

师：现在我们一起来验证一下，我们的图谱是不是根据我们的动作还原出来的呢？我请几名小朋友到前面表演动作，剩下的小朋友（围半圆）听音乐，看图谱用小手拍出节奏（1 ～ 2 遍）。（见图 94）

2. 教师小结。

（七）活动结束

听音乐离场。

（八）延伸活动

音乐投放到表演区，幼儿进行节奏练习。

第三课时

（一）开始部分（见图 95）

幼儿随音乐《春天来了》律动进入教室。

目的：再一次熟悉乐曲。

（二）

在上节课基础上把律动和打击乐器演奏结合起来，完整表演。（见图96）

（三）新课部分

1.节奏游戏：纸杯排队。

（1）节奏：|×× ××|

指导语：小朋友们，你们演奏得可真棒！下面我们再来玩一个纸杯排队的游戏。请拍你的小手告诉我，它们是怎么排队的。

（2）节奏：|××0×|，|×000|，|×0×0|，|0×0×|

指导语：现在有一个纸杯退出了队列，谁能用拍手的方式告诉我们是哪个呢？请小朋友们自己创作队形，大家一起拍拍看。

（3）节奏：|×××××|，|××0××0|，|00××0|，|××000|指导语：哎呀，两个纸杯是好朋友，它们喜欢挤在一个座位里呢！请小朋友们自己创作队形，大家一起拍拍看吧！

（4）节奏 |×000| |×000| |×000|

　　　　|××0×| |0×0×| |××0××0|

指导语：刚才是一条队伍，现在出现了两队，你们能一起合作完成它吗？

重点：着重练习，从本环节起，两组分为两种伴奏方式以便分辨感受。请幼儿在听自己声部的同时也倾听别人的音响，感受整体效果。

2.根据幼儿创作的节奏给音乐伴奏。

以小组讨论的方式为乐曲A、B、C段各配上合适的节奏型。

（1）根据纸杯谱，在教师的指挥下分组分声部徒手练习为音乐A段伴奏演奏。

$$\left[\begin{matrix} \times 000 | \\ 0 \times \times \times | \end{matrix}\right. \qquad \left[\begin{matrix} \times \times 00 | \\ 00 \times \times | \end{matrix}\right.$$

（2）根据纸杯谱，在教师的指挥下分组分声部徒手练习为音乐 B 段伴奏演奏。

$$\left[\begin{matrix} \times \times 000 | \\ 00 \times \times 0 | \end{matrix}\right. \qquad \left[\begin{matrix} \times 0 \times 0 | \\ 0 \times 0 \times | \end{matrix}\right.$$

（3）根据纸杯谱，在教师的指挥下分组分声部徒手练习为音乐 C 段伴奏演奏。

$$\left[\begin{matrix} \times \times | \\ (\times \times \ \times \times \ \times \times) | \\ \times \times | \end{matrix}\right.$$

（4）根据纸杯谱，在教师的指挥下分组分声部徒手练习为音乐 B 段伴奏演奏。（见图 97）

3.分组讨论新节奏型，贴好新图谱。（见图 98）

4.引导幼儿边看图谱，边给音乐伴奏。（见图 99）

5.看指挥完整随乐演奏（ABCB）。（见图 100）

（四）结束部分

在乐曲声中幼儿有序地放回乐器。

活动反思

第二课时：

今天的活动是通过小组讨论，找出节拍与图谱的联系，幼儿讨论完成一张图谱。我和刘老师选择的是同一节课，但不同课时。在教研计划中也提到，活动要完整，要有延续性。所以，我和刘老师尝试了这次的活动。

我设计这节活动是根据舞蹈动作还原图谱，在我这节课的基础上，刘老师加深难度，玩节奏（创编各种节奏型），利用乐器敲击起来！

在完成图谱的过程中，我是有两方面难度的：1）分颜色（幼儿要根据角色、动作去区分）；2）节奏的不同（有大有小），最后与幼儿一起分析的那个环节就是帮助幼儿梳理和找到乐曲节拍与图谱之间的内在联系。所以，我也是为了下一节课做准备，根据图谱进行打击乐活动，活动是有延续性的。

利用图片、舞蹈动作、肢体动作辅助，也是贴近幼儿生活，而且是最能让幼儿最易于表现出来的一种形式。这一节活动就是怎样以小组的形式，把一个图谱从头到尾地还原，根据动作的提示，将有难度的找出来，一起讲解，帮助幼儿梳理这个过程，我觉得这节活动是我要着重去实现和完成的。

本节活动教师对各个环节都有思考，孩子的进场氛围很好，在讨论环节中幼儿能够自主地进行讨论、协商，总结出图谱。

活动建议：

1. 可以尝试把图谱改成节奏图谱。

2. 原教案中少了一个环节，孩子应该对照动作还原，然后再总结图形图谱。

第三课时：

这次教学观摩活动我和本班孟老师共同完成了《春天来了》这首歌曲的第二课时和第三课时，之所以选了同一首歌曲，想法来自教研计划中提到的活动要有延续性。这次尝试的目的在于在整体上有所连接，在难度上有所提高。

选择这首歌曲是因为其节奏欢快，每个小节非常工整，有利于开展乐谱总结和节奏创编。经过三年的打击乐教学活动，大班幼儿对打击乐课程有了一定的经验，我们把这两个课时的重点定位在总结归纳能力和合作性的提高方面。

第二课时是通过动作还原图谱，孩子们把动作和图谱上的符号建立起联系，而不是简单照本宣科。第三课时在此基础上，又加入了幼儿自己的创意，让幼儿能把自己编创的节奏型表达在谱子上，并能听到真实的演奏效果，丰富了乐曲的演奏手段，同时也利用了讨论的方式，增加了孩子们的合作性。

在演奏时教师提出了"听自己也听别人"的要求，而不是只演奏自己的声部。引导幼儿注重聆听整体演奏效果，符合最新打击乐演奏"知己又知他，知部分也只整体"的要求，同时增加了幼儿之间的合作性。

本节课重在节奏的创编，为了解决如何编，都能怎样编，遵循什么样的基本规律等问题，我采用了"纸杯排队"的游戏方式，将难点前置。通过节奏由简到难，先单独后合作的递进方式为幼儿自己创编打下基础。

通过小组讨论环节，让孩子们学会合作、表达自己想法、听取他人意见，符合大班幼儿的成长水平。

不足：今天的教学过程中，很多幼儿在讨论环节中没有充分表达自己的想法，教师没有足够的时间启发各人充分表达自己的意见。

这次课程是一次尝试，我对幼儿的完成度也没有充分预估。在设计、说课、教研过程中我都收获良多，希望大家多提宝贵意见！

附　图

第二课时

图 89

图 90

图 91

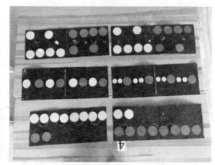

图 92

图 93

图 94

第三课时

图 95

图 96

图 97

图 98

图 99

图 100

赛马（第三课时）

一、设计意图

根据幼儿园大班孩子身心发展的规律和特点，我在设计本课游戏化打击乐《赛马》时，首先通过草原上人们多彩的生活和蒙古族人民勇敢乐观的态度激发幼儿对乐曲听赏的兴趣。其次，遵循听觉的感知规律，突出音乐的特点，以听赏、模唱、打击乐演奏、律动等活动引导学生有目的地聆听音乐。围绕"听"展开丰富多彩的参与体验活动和师生互动活动，让幼儿在艺术的氛围中获得审美的愉悦。

《纲要》中指出："教师对幼儿进行艺术教育的作用在于激发幼儿感受美、表现美、创造美的情趣，丰富他们的审美经验，使他们体验自由表达和创造的快乐。"而律动则是幼儿园大班小朋友非常突出的一个特点。在教学中，要积极引导幼儿参与聆听、律动、演奏及综合性艺术表演等实践活动，不断积累音乐实践经验，培养节奏感。

说教材

我选择的是中国著名作曲家、二胡演奏家黄海怀创作的一首很经典的民族器乐曲《赛马》。此作品积极向上，节奏感很强，展现了蒙古族人民的热情豪迈。孩子们很喜欢。我在欣赏过程中也借用比赛这一灵感，不仅让孩子们欣赏到名曲，更让他们知道比赛要赛出友谊，赞美赛马的精神和气魄。

在经验准备上，我所展示的是第三课时内容。在前面两节活动中，幼儿已经能用身体动作还原表演，能用动作熟练表演音乐。我在本节活动中用比赛的形式贯穿始终，和乐曲的主题相关联，相呼应。当幼儿逐渐熟悉音乐的旋律之后，我在歌曲中加入了身体动作表演，培养幼儿节奏感。我在课前利用了音乐欣赏活动、谈话活动引导幼儿了解歌曲内容，熟悉音乐的旋律，让幼儿亲身感受音乐节奏的变化和美感。

二、技术准备

1.物质准备：图谱、木鱼、串铃、双响筒、三角铁、圆舞板、铃鼓、马鞭。
2.经验准备：欣赏过乐曲，知道曲式结构，会根据图谱做动作。

三、活动目标

1.在熟悉音乐旋律的基础上，看图谱进行演奏。（认知目标）
2.根据乐曲的节拍特点，尝试探索配器方案，并能看指挥演奏。（技能目标）
3.喜欢音乐活动并积极配合教师的音乐活动。（情感目标）

四、活动重点和难点

活动重点：能够运用已知节奏型，用恰当的乐器为乐曲配器并演奏。
活动难点：学习协商、合作配乐，体验合作演奏的乐趣。

五、教学方法与手段说明

1. 实践性音乐教学方法：通过实践性音乐教学方法，引导幼儿亲身参与音乐实践活动, 形成完善的音乐技能并发展音乐表现能力。

2. 练习法: 运用练习的方法让幼儿将经验运用于实践, 将经验转化为技能、 技巧, 发展幼儿的音乐表现能力。

3. 律动教学法: 运用律动教学法让幼儿用肢体动作随着音乐做各种有规律的协调动作。

4. 创作教学法: 注重培养幼儿对音乐的创造性思维, 让其在活动中随音乐即兴表演等。

5. 讲授法: 通过简明、 生动的口头语言引导幼儿参与活动。

6. 谈话法: 以口头问答的方式进行教学, 包括启发式、 问答式、 指导式谈话。

7. 探究性音乐教学方法: 运用探究性音乐教学方法引导幼儿通过观察、 思考、 讨论等途径去独立探究, 自行发现并掌握相应的知识技能。

六、教学过程

（一）开始部分

师: 小朋友们, 今天辽阔无垠的大草原上有一场激烈的赛马, 你们想参加吗? 请三队小马做好准备。 （幼儿和教师分三队随《草原就是我的家》的音乐进场, 感受音乐的旋律, 激发参与音乐活动的兴趣）（见图 101）

（二）进行部分

1. 复习《赛马》的乐曲, 熟悉歌曲旋律。

2. 出示《赛马》的图谱, 看着图谱, 根据图谱复习节奏型。

师: 小朋友们, 草原上的比赛开始了, 你们抓好缰绳, 咱们出发比赛去喽! （出示图谱）（见图 102）

3. 小组合作阶段。

（1）教师提出合作配器的要求，引导幼儿分组进行配器活动。

师：小朋友们，我们的比赛非常激烈，吸引了很多乐器小朋友来到这里，他们也迫不及待地想加入，一起看看都有谁吧！（介绍乐器特点）可是这么多乐器，他们不知道什么时候发出声音才能使我们的乐曲更好听，让我们的比赛更精彩，小朋友们能不能帮他们想办法归队啊？

幼儿分成三组，每组一份记录单，请小朋友选择乐器放到相应的动作下方。讨论方案。

师：老师给每组都提供了一支笔和一张小图谱底版，小底版和老师的大底版是相同的，用来记录你们大家共同讨论的配乐方法。

师：今天合作配乐记录时有三个要求。

第一，每组必须有这三种不同的乐器，每人手里只能拿一种乐器，所以要先商量由谁先去拿乐器。

第二，选好乐器后，还要商量怎样用这三种乐器来伴奏，并且要确定由谁记录配乐方法。

第三，要能将你们设计好的配器方案跟随歌曲演奏出来。

（2）教师提出上述三条要求后，还要通过反问，引导幼儿复述这三条要求，帮助幼儿强化小组合作配乐的任务意识。

师：第一个任务是什么？

幼：商量好谁先拿乐器。

师：第二个任务是什么？

幼：推选一个人来记录。

师：第三个任务是什么？

幼：听着音乐自己演奏出来。

师：你们画的时候，我会用倒计时的方式提醒，倒数十下时，你们的方案就要设计好。哪组快，哪组的方案就会先被贴在黑板上。

（3）教师引导幼儿六人一组，分成四组，分别围在相应的桌子旁进行协商与配乐活动。教师围绕上述三条合作要求，督促每组幼儿明确分工，争取在规定的时间内完成活动。

（4）请每组小朋友选一个代表说一下配器的理由。

（5）师：每个小乐器都找到了自己的队伍，他们可高兴了，让他们给大家表演一下好吗？（三支队伍分别展示）

（三）结束部分

小朋友们，三支队伍的比赛现在进入了白热化的阶段，可以说是难分胜负，评委想出了一个办法来决一胜负！这个办法就是：最终的比赛你们要看指挥，只有认真看指挥、会配合的队伍才能获胜！（师指挥小朋友演奏）（见图 103）

师弹奏《赛马》的音乐，按顺序走出教室。

活动反思

我所教授的是大一班的 25 名幼儿。他们活泼好动，对音乐具备了初步的感性认知，经过一个学期的培养，基本养成了聆听音乐的习惯；对音乐有了一定的感知能力，对于乐曲不同情绪的变化能够作出相应的体态反应；善于律动，表现力很强，能跟着音乐的节拍原地踏步和行走。

对于三段体结构的乐曲，学生从乐曲情绪、速度、力度等方面基本能够划分段落。（例如，在之前的音乐课上欣赏过民族器乐合奏《喜洋洋》

ABA′。）学生能够较清楚地模唱简单的乐谱旋律，但对节奏紧密、音符较多的旋律还有欠缺。对于常见的打击乐器（三角铁、敲奏、大鼓、铃鼓等）能够正确演奏，并能根据乐器声音有所选择地参与乐曲的表演。本节课基本达到了预设的目标，幼儿也做到了积极配合音乐活动并享受整个过程。但也有不足之处，现将优点和不足总结如下。

优点：

1. 选材适宜大班第二学期幼儿。

2. 这节课开始，我运用了《草原就是我的家》的歌曲作为进场音乐，孩子们在欢乐的歌曲伴奏下，愉快地进入教室并坐下。然后放《赛马》的音乐，孩子们做律动复习音乐，给人以流畅统一的感觉。在教学过程中注意了音乐常规的培养及养成教育。

3. 这节课我做到了心中有目标，围绕目标进行每一个环节。每个环节清晰自然，很快就进入了打击乐的合奏。乐谱降低了打击乐合奏的难度。

4. 这节课突出了大班第二学期的特点——合作化、自主化地共同学习。以小组讨论的形式，为歌曲配伴奏。在活动中，孩子们都能够发表自己的意见，充分讨论。体现了配器方案来自孩子们的独立思考。因此，孩子们都很认真，能够主动学习。

不足：

1. 小白马的节奏不够清晰，应在前期活动中再加深。

2. 目标里应该写清楚节奏节拍特点。

3. 幼儿打击节奏不够稳。

4. 分析乐器的时间过长，应该压缩。讨论的时间短，应再长一些，让幼儿更自主一些。

5.在今后的教学工作中，还要不断思索，给孩子更多的空间，让孩子在愉快的游戏氛围中快乐地学习。

附　图

图 101

图 102

图 103

在钟表店里（第三课时）

一、设 计 意 图

活动"在钟表店里"是在我班主题"我的时间"中生成的活动，孩子们在大主题活动中认识了钟表，知道了时间的重要性；同时我们在各个领域也根据时间的主题，设计了多种活动。"在钟表店里"通过情景游戏的方式，能够让孩子们用身体动作表现音乐中的节奏，用打击乐器演奏音乐，体验音乐游戏带来的乐趣。所以，根据班里幼儿的兴趣与年龄特点，我们设计了这一节"游戏化的打击乐"活动——"在钟表店里"。

说教材

《在钟表店里》是由德国作曲家查理·奥尔特所作的乐曲。活泼欢快的主题旋律描绘了琳琅满目的钟表店里，修表工人在清脆的钟声中愉快地工作的情景。

《在钟表店里》是一首2/4拍的音乐，曲式结构为ＡＢＡ，旋律轻松、活泼，速度适中。

二、活 动 准 备

经验准备：幼儿已欣赏过乐曲，知道曲式结构，会根据乐曲做身体动作。

物质准备：ＰＰＴ、三角铁、双响筒、腰鼓。

三、活动目标

在打击乐中,启发学生展开联想,模仿乐曲中所出现的各种音响、节奏,感受乐曲的情绪是打击乐的目的之一。为此,我制定了三个目标。

1.认知目标:根据乐曲的音色特点,探究乐曲的配器方案。

2.能力目标:通过打击乐活动,学会看指挥、听音乐、听同伴演奏,培养幼儿专注力。

3.情感目标:在打击乐活动中,感受集体游戏的快乐。

四、活动重点和难点

(第三课时)

活动重点:以分组讨论的形式,根据乐曲的音色特点,探究乐曲的配器方案。

活动难点:在打击乐活动中,学会看指挥、听音乐、听同伴演奏,培养幼儿专注力。

五、学法

在教学中,我始终以作品作者奥尔特为主线,将它设计为钟表店的老板,让幼儿为小闹钟。通过对音乐的欣赏来了解奥尔特老板和他的小闹钟的一天。我采用猜谜的形式激发幼儿的兴趣;通过对比法引导幼儿了解作品的不同情感,以启发法引导幼儿进行律动创编;通过律动创编的动作来匹配相应乐器,发散幼儿的思维。

《纲要》指出:"教师应成为学习活动的支持者、合作者、引导者。"

活动中我力求达到"形成合作探究式"的师幼互动。本次活动采用的主要教法有以下几种。

1.激趣游戏法：游戏是幼儿的基本活动，它具有教育性、娱乐性、创造性。活动的第一个环节是引导幼儿通过律动活动培养良好情趣。

2.电教演示法：运用多媒体课件，给幼儿以直观体验。在幼儿将音乐与图谱匹配的过程中，同样利用多媒体课件，以鲜明的形象引导幼儿，使幼儿的理解和认识更透彻。

3.操作法：它是幼儿建构活动的基本方法。鼓励幼儿通过反复论证得到更合适的演奏方法，熟悉乐曲后的配器演奏活动。

以幼儿为主体，创造条件让幼儿参加探究活动，不仅提高了认识，锻炼了能力，更升华了情感，本次活动幼儿采用的学法是以下几种。

1.多通道参与法：《纲要》指出"幼儿艺术活动是一种手、眼、脑并用的活动，它需要幼儿用多种感官去感知审美对象，用动作和材料的操作去表现自己的思想情感和所见所闻"。因此，让幼儿看一看、学一学、拍一拍、敲一敲等的活动安排丰富，让幼儿不知不觉地完成学习目标。

2.尝试法：陶行知先生说过在"做中教，做中学，做中求进步"。鼓励幼儿自己尝试、创编更好的演奏方式，让幼儿通过商量、比较等，使思维活跃起来，创造出更合适的演奏方法，来攻克本节课的难点。

六、活动过程

教学程序是从演一演（表演）—动一动（理解）—说一说（发散）—敲一敲（创造）一步一步推进的。

演一演：根据乐曲的主题旋律，创编动作并表演到音乐当中。

动一动：身体音效表现一下节奏，感受这个乐曲的三种不同情绪。

说一说：通过表演、播放各种钟表的声音，发散学生的思维。

敲一敲：通过幼儿分组讨论、实践，大胆尝试打击配乐。

1.激发演奏兴趣，调动已有经验。

"兴趣是最好的老师。"活动一开始，以节奏明快的音乐调动幼儿参与活动的兴趣。以节奏为主线，从形式、内容上极大地调动幼儿参与的积极性。

2.自由探索。

听到一首节奏明快的歌曲，幼儿不自觉地就会用不同的动作来表现，给孩子一定的时空，让他们自己探索、创造节奏型。充分体现《纲要》"以幼儿为主"的价值观。

我创设了钟表店老板外出，小闹钟们自由玩耍的情景。（小闹钟们，最近我们的老板太忙了，你看今天就突然有事说要晚一点来店里，嘻嘻！我们趁着老板没来，来做游戏吧！刚才你们随音乐走路的样子还真不错，那我们现在换一种玩法吧，用身体音效表现一下节奏，不过可不是那么简单，你们要看我指挥，我可不一定会让你们那些小闹钟表现钟摆、闹铃造型的哦！）（见图104、图105）

在发挥幼儿的主体作用的同时，培养幼儿的音乐理解力和表现力。到此，能力目标就基本达成了。

3.探究为乐曲匹配喜欢的乐曲乐器。

分组演奏、教师指挥、幼儿指挥等形式，让幼儿体验节奏活动的快乐，培养幼儿的合作意识。

4.展示结果。

三组分别向大家展示自己组搭配的结果并介绍原因。

教师为小朋友们准备了几种打击乐器，请幼儿说一说自己更喜欢哪种乐器代表钟摆、闹钟、造型什么？幼儿通过自由探索，熟悉各种乐器的特点，选出相应的乐器。在节奏谱上，教师也将乐器的图片贴在相应的位置。将幼儿分为三组，分别谈论配器。将三组的节奏贴在黑板上，并分组请幼儿说说自己是怎么匹配的，为什么这样匹配。根据本组讨论的结果，尝试用自己喜欢的乐器为乐曲演奏。

教师用指挥来提示幼儿掌握好速度，明确哪一部分该自己演奏了，哪一部分是同伴该演奏的。在集体演奏中，我会注意观察孩子们的表现和反应，有针对性地请对节奏感知较好的幼儿进行指挥尝试，目的是满足能力强的幼儿的需要，让他们有突破性的发展。

教师在鼓励和肯定幼儿的同时，在愉快的气氛中结束本次活动。

活动反思

打击乐活动"在钟表店里"是在我班主题中自然生成的，在多个领域中去体现主题。《在钟表店里》选取了《切分音闹钟》中的乐曲。乐曲分三种不同的节奏去体现小闹钟的形态。

1. 设计活动时，将孩子们在主题活动中了解到的有关钟表的知识引用到活动中，把钟表店里面的各种钟表引入音乐教学，能引导幼儿关注生活、欣赏音乐，使幼儿感受到音乐无处不在。

2. 能在活动中让幼儿大胆地去创造音效，去表现不同的钟表状态。让孩子们做活动的主人，真正地去玩音乐，促进幼儿对音乐的体验和感受。

如孩子们创设钟摆的声效用弹舌音，闹铃声用抖唇音，钟表造型用拍手等。这一过程激发了孩子们的想象力和参与活动的积极性。

3. 注重倾听音乐。为乐曲配器中，在活动前让孩子们就反复地倾听音乐，熟悉音乐的节奏。孩子们在熟悉了乐曲后，在配器时就会更加自信、大胆。再运用自己之前学习的知识经验才能更加自如。

此外，在活动过程中，我将提供的每种乐器都演示一遍，加深孩子们对乐器音色特点的印象，同时在孩子们配器过程中反复播放音乐，以提高幼儿对音乐感知、欣赏的能力，也提高了幼儿音乐演奏、表演的能力。

4. 活动中，我还借助多媒体手段，设计了生动、活泼的钟表店和店老板的声效，增添了神秘性和童趣。同时设计了幼儿自由讨论，创设乐器节奏图谱的环节，引导幼儿观察、交流，使幼儿懂得了分奏和合奏，充分发挥了图谱的作用，也激发了幼儿参与学习的热情。

总之，在本次活动中比较注重引发、升华和延续幼儿对"钟表店"的兴趣，引导幼儿体会乐曲的语言，激发幼儿产生表达、表现的愿望，以及培养幼儿合作演奏的能力。

不足：

本次活动中孩子们表现得非常好，各个环节孩子们的兴致很高，对知识和技能的掌握也比较快。因此活动中应该根据孩子们的表现增加一些难度，让孩子们去大胆挑战，让课程更有层次。

附　图

图 104

图 105

打击乐《拨弦》（第一课时）

一、设计意图

《幼儿园工作规程》中指出："让幼儿倾听和分辨各种声响，引导幼儿用自己的方式表达他对音色、强弱、快慢的感受，增强幼儿对音乐元素的了解。"基于此目的，我设计了《拨弦》这节课。加入符合音乐情景的故事，帮助幼儿更好地感受和欣赏音乐，突出音乐中不同的音色、不同的强弱表现的部分，使得幼儿能在游戏的同时用自己的方式去表达对音乐的感受。在课程设计中，加入了故事表演的形式，给幼儿以直观形象的视觉体验，激发幼儿对音乐的兴趣。

说教材

作品《拨弦》是一首音乐本体元素强弱比较突出的乐曲，曲式结构是ＡＢＡ′的三段式，首尾情节呼应但又有所区别，音乐游戏性强，Ｂ段舒缓的感受区别于Ａ、Ａ′，让人在一首曲目中有双重的感受。其中，不同时长后的重音的突出，能使得幼儿更加专注地倾听音乐。

二、活动准备

经验准备：玩过突出重音表现及配合的游戏。

结合本课创设的故事主人公的角色，将传统的"捉小鱼"手指游戏改为"捉小红帽"儿歌："小红帽小红帽跑跑跑，向左跑，向右跑，向前跑，向后跑，跑跑跑跑跑跑跑，咔嚓一下抓住她。"幼儿两两配合，一人食指放在另一人手掌下，用食指带动手掌四散地走，在"咔嚓"的时候，食指赶紧逃脱，手掌赶紧去抓。看谁的反应快。

物质准备：鼓、《拨弦》音乐、大灰狼和小红帽头饰、大灰狼和小红帽贴纸、大树的背景板。

鼓是为了帮助幼儿巩固强弱的感受，将儿歌中"跑跑跑跑跑跑跑"用持续地敲鼓帮代替，将"咔嚓"用敲一声鼓面代替。

三、活动目标

1. 欣赏及熟悉乐曲结构，感受乐曲中重音出现的不规律性。

2. 在不规律的重音提示下，进行相应角色的动作表现。

3. 根据故事情节，按照规则随乐曲进行音乐游戏。

四、活动重点和难点

重点：根据故事情节，随乐曲进行音乐游戏。

采取的措施是教师随音乐表演故事，幼儿通过观看教师的故事表演，理解音乐，有角色带入感，使得幼儿去大胆表现自己的感受。

难点：掌握乐曲中不规律的重音并能做出相应角色的动作。

采取的措施是榜样示范法，及时发现表现比较突出的、有代表性的幼儿，让他给其他幼儿进行示范，激发幼儿的大胆表现力。

五、教法

1.比较性提问：启发幼儿针对不同段落有什么不一样的感受。

2.启发性谈话：结合音乐，让幼儿在感受不同的音乐后，大胆地理解和表达自己的想法。

3.完整示范法：结合音乐及故事内容，从头到尾示范，便于幼儿理解。

4.故事表演法：教师结合音乐的不同情绪进行故事表演，帮助幼儿在理解音乐的同时熟悉游戏规则。

六、学法

根据歌曲特点及本班幼儿的实际情况，运用了以下的方法。

1.趣味游戏法：在儿歌游戏中及与鼓配合的重音游戏中激发儿童的情绪。

2.谈话法：通过分段欣赏音乐后，大胆表达自己的感受。

3.角色扮演法：幼儿在角色扮演中，掌握音乐中的强弱元素。

七、活动过程

（一）律动入场

随《小红帽》歌曲肢体动作的表现入场。（见图106）

（二）重音游戏

1.幼儿随儿歌两两进行小红帽与大灰狼的游戏。(小红帽小红帽跑跑跑，向左跑，向右跑，向前跑，向后跑，跑跑跑……咔嚓一下抓住她。)

2.为乐曲做准备，用鼓表示重音时抓小红帽（替换儿歌中的"咔嚓"）。

师：这次我们的游戏升级了，我用敲鼓帮的方式来替换儿歌中的"跑跑跑"，用敲鼓面的方式来替换儿歌中的"咔嚓"。所以小朋友们一定要仔细听，在敲鼓面的时候，扮演大灰狼的小朋友就要去抓住小红帽，扮演小红帽的小朋友就要赶紧挪开你的手指，看看谁的反应最快！

游戏 2～3 遍，帮助幼儿锻炼听觉能力及反应能力。（见图 107）

（三）欣赏并感受音乐

1.完整欣赏乐曲，掌握乐曲结构。

师：今天，我给大家带来一首好玩的音乐。在听音乐之前，给小朋友们提一个问题，你觉得这首乐曲分为几部分，为什么？

2.分段欣赏音乐并说一说乐曲的风格。（见图 108、图 109）

师：刚才小朋友们听了每个部分的音乐都有什么样的感受呢？你觉得在大灰狼和小红帽之间会发生什么样的事情呢？

3.教师随音乐进行故事表演。（见图 110、图 111）

第一遍：幼儿观看表演，根据表演讲述一下故事情节。

师：其实这首乐曲表达了一个特别好玩的故事，下面请欣赏音乐童话故事表演《小红帽与大灰狼》。请小朋友们仔细看，在小红帽与大灰狼之间都发生了什么故事，然后请小朋友们来给大家讲一讲。

第二遍：幼儿观看表演，说一说小红帽、大灰狼不同的动作。

师：接下来在欣赏故事表演的时候，请你仔细看一看小红帽、大灰狼都做了哪些动作。（帮助幼儿示范小红帽、大灰狼动作表现）谁能说一说在什么音乐下是小红帽回头并且大灰狼不跟着她了？（帮助幼儿更好地掌握重音规则）

（四）随音乐进行游戏

1.教师与幼儿共同游戏。（见图112、图113）

（1）幼儿进行模仿，熟悉角色的动作及重音时的动作表现。

（2）在幼儿熟悉游戏规则的情况下，对动作的表现进行提升或者创编，请想表现的幼儿到前面进行表演。

2.幼儿单独随音乐游戏。（如果时间允许，幼儿再单独进行表演）

（1）贴上想扮演角色的贴纸，随音乐进行表演。

（2）交换角色随音乐进行表演。

（五）结束活动

师：今天的游戏真开心，聪明的小红帽们请跟着我一起平安地回家吧！

随着《小红帽》歌曲肢体动作表现退场。

活动反思

设计本节课的主要目的是让幼儿对乐曲中出现的音乐本体要素更加明确和掌握。这首《拨弦》乐曲中，音乐的轻重音体现得特别明显，而且中间的不规律性，可以帮助幼儿更好地去倾听作品，吸引着幼儿。在初识乐曲时，是利用过渡环节的时间玩了一个"木头人"的游戏，听到重音就定住造型，孩子们就超级喜欢；尤其因为抓不住规律，他们更沉迷于这个音乐中，掌握得很不错。结合孩子们的经验，也考虑到乐曲的表现，我创编了一个"小红帽与大灰狼"的故事，既是幼儿熟悉的角色，又有一些创新的地方，来源于典故又区别于典故。

课程顺利完成，达到了预期的效果和目标。过程中有些不足也是，今后工作努力的一个方向。

优点：

1. 教师在备课前对乐曲加以分析，结合孩子们的生活经验，对乐曲加以故事化的创编，使幼儿能尽快地融入音乐。

2. 开场时，教师的带动以及表现力给幼儿很好的示范作用，孩子们都兴高采烈地入场。

3. 导入游戏有创新，结合故事情景进行改进，孩子们的兴致高昂。

4. 教师之间配合默契，表演乐曲故事给人耳目一新的感觉，也一下子就能吸引孩子们的注意力。

5. 教师不急不躁，稳定地将环节一个层次一个层次地展现出来。

6. 幼儿在游戏中，能完全地释放自己、展现自己，感受音乐带来的乐趣。

不足：

1. 教师在与幼儿讨论乐曲每段不同音乐的感受时，应该紧密地与乐曲结合，及时地欣赏乐曲，而不是光靠老师去用语言引导。

2. 教师针对每个环节的提问，应该再准确、到位一些，以对孩子们的经验提升起到更好的作用。

3. 教师更应该考虑到全体幼儿，不能总让举手的小朋友回答问题，而忽略了其他小朋友。

4. 让孩子们多去说是一件好事，但是过多地说，就会延误课时并影响专注力。

附　图

图 106

图 107

图 108

图 109

图 110

图 111

图 112

图 113

啤酒桶波尔卡（第三课时）

一、设计意图

每个人的成长都离不开温馨友爱的情感体验，孩子更需要温馨友爱的情感体验。开学以来，孩子们之间不友好的现象时有发生。通过"啤酒桶波尔卡"这个活动，以讲《小老鼠和啤酒桶》的故事开始，让孩子们知道，朋友是每个人一生中不可缺少的伙伴，朋友为你驱赶孤独，朋友助你战胜困难，朋友与你共同进步，每个人的成长都离不开从朋友那里获得的温馨友爱的情感体验。在幼儿园的这个大家庭里，每个伙伴都是朋友，和好朋友在一起做游戏真快乐，朋友见面真开心。

说教材

《啤酒桶波尔卡》是欧洲最流行的波尔卡舞曲之一，是世界著名的管弦乐作品，演奏形式是"铜管五重奏"。它是一首非常欢快的曲子，而且相同的乐句不断反复。整首曲子旋律富有动感，节奏欢快、活泼，给人以丰收后的喜悦，让人立即联想到节日来临时人们脸上洋溢笑容，围在一起载歌载舞的狂欢情景。2/2拍的舞曲节拍，速度较快，使得整首歌曲的旋律轻快，有弹性。本乐曲以ＡＢＡ两段构成，且分段鲜明，易于幼儿欣赏分辨，较适合以打击乐的形式来诠释对乐曲的表现。

随着大班幼儿对乐曲结构和内涵理解能力的提高，加上我班幼儿非常喜欢节奏表达方式，喜欢用各种乐器来表达内心的情感，有一定的演奏基础，因此以乐曲《啤酒桶波尔卡》开展打击乐活动，可以让幼儿感受到节奏活动带来的快乐，并提升他们对音乐的感受力、表现力及和同伴间合作演奏的能力。

二、活动准备

物质准备：

1. 音乐《啤酒桶波尔卡》《玩具进行曲》。

2.《啤酒桶波尔卡》乐曲图谱。

3. 打击乐器：碰铃、铃鼓、圆舞板。

经验准备：

1. 课前教师为孩子们讲述了《小老鼠和啤酒桶》的故事，幼儿懂得了有朋友才会快乐。

2. 熟悉音乐并自编了动作；用身体动作表现了自己对《啤酒桶波尔卡》乐曲的理解，能够为乐曲打节奏。

三、活动目标

1. 学习用打击乐演奏《啤酒桶波尔卡》，掌握 |×× |×××× |× 0 |节奏型，且能根据乐曲旋律特点及图谱的提示，演奏相对应的节奏型。（认知目标）

2. 能够注意力集中地看图谱及教师指挥，并能与同伴协调一致地演奏。（技能目标）

3. 喜欢参加打击乐活动，感受和同伴合作演奏的快乐。（情感目标）

四、活动重点和难点

活动重点：掌握 |××|××××|×0|节奏型，且能根据乐曲旋律特点及图谱的提示，敲出相对应的节奏型。

策略：图谱教学在打击乐中为幼儿带来直观形象的可视效果，幼儿通过观察图谱的大小和动物形象的不同来区分节奏型、乐曲间的相互配合，以及相互合作的规律。大班初期可以在教师的提示下，学习看图谱完整演奏较长的曲目。

活动难点：能看指挥进行分声部演奏，保持与集体的一致性。

在打击乐中，除了自我感受、自我表达音乐的风格，分声部合作演奏是非常重要的，对幼儿的合作能力也有一定的促进作用。在器乐训练过程中，大家要保持一致，不能以自我为中心，要注意倾听音乐和他人的演奏，并使自己的演奏与整体音响相协调。在打击乐演奏过程中学习看指挥，即努力使自己服从于整体音响形象。要使每个人演奏的音响服从于整体音响，达到完善、协调和一体的感觉，不是一件轻而易举的事。

五、学法

采用四种方法设计教学活动。

1.游戏法：以"小老鼠和啤酒桶"游戏引入，帮助幼儿回忆整理乐曲的音乐风格，感受音乐的节奏特点。后分角色做游戏，体会与同伴一起游戏的快乐。为接下去的打击乐中情感投入和打节奏做好准备。

2.直观演示法：利用直观的图谱和教师的讲解帮助幼儿理解音乐内容。

3.故事情境法：借助生动的故事《小老鼠和啤酒桶》，让幼儿了解乐曲的结构和相应的节奏。

4.角色扮演法：小朋友分别扮演啤酒桶、小老鼠、仙女，鼓励幼儿完整地进行打击乐的表现。

六、活动过程

（一）开始部分

幼儿在《玩具进行曲》的伴奏下，走进教室体会歌曲的快乐。（见图114）

（二）进行部分

1.回忆乐曲内容，复习《啤酒桶波尔卡》的律动。

（1）直接引出。

师：听！这是什么音乐？一边听一边用你喜欢的身体动作来表现好吗？

（2）分角色做《啤酒桶波尔卡》的律动，进一步熟悉乐曲内容。

师：刚才我们听到的是什么音乐？下面我们就来玩"小老鼠和啤酒桶"的游戏，想一想你想当小老鼠、啤酒桶，还是小仙女。（见图115）

2.出示《啤酒桶波尔卡》的图谱，看着图谱，了解乐曲结构。

（1）看图谱，理解图谱。

师：今天给小朋友们带来了一个《小老鼠和啤酒桶》的故事。（出示图谱，引出图谱内容）小朋友你们看一看图谱上有什么？

（2）教师讲解图谱。

师：开始小老鼠在数啤酒桶的数量，节奏是慢的。啤酒桶很不开心，小老鼠就围着啤酒桶跳舞，节奏是快的。啤酒桶不能跳舞还是不开心。仙女来了，挥动魔棒施法术。啤酒桶被施了法术，动了起来，也跳起了舞。啤酒桶很笨重，它的节奏也是慢的。最后小老鼠和仙女跟啤酒桶一起跳舞，小老鼠跟仙女的节奏是快的。（见图116）

3.根据《啤酒桶波尔卡》图谱的提示，集体及分组练习。

（1）集体根据图谱的提示徒手完整打节奏。

师：小朋友们看着图谱一起来打节奏。

（2）分段进行节奏的练习。重点指导幼儿节奏快的乐段要正确稳定。

师：小老鼠跳舞的节奏是快的，小朋友们拍节奏时要注意听音乐。

4.探索配器方案，看指挥乐器演奏。

（1）出示乐器，共同探讨配器方案。

师："小老鼠""啤酒桶""小仙女"玩得都很开心，今天小乐器也想跟你们一起来做游戏。（教师出示铃鼓、碰铃、圆舞板三种乐器）

看看都有哪些乐器呢？想一想，小老鼠、啤酒桶、小仙女分别可以用什么乐器来伴奏？

（2）听音乐，看教师指挥幼儿使用乐器完整演奏两遍。

①完整演奏前用每种乐器练习乐句。如仙女棒在用铃鼓演奏时应该怎样使用。小老鼠跳舞的音乐很快，有的小朋友节奏不准，要看老师的指挥。注意节奏要正确。请小朋友们看老师的指挥，注意力集中，轮到自己敲时要注意节奏，不该自己敲时不能出声音。

②第二遍完整表演，幼儿互换乐器。（见图117）

（三）结束部分

幼儿轻轻地送小乐器回家。听《玩具进行曲》的音乐，按顺序走出教室。

活动反思

1.选材适宜大班第一学期幼儿。通过《小老鼠和啤酒桶》故事贯穿打击乐活动始终，游戏性很强，孩子们感兴趣。

2.这节课的开始时我运用了《玩具进行曲》的歌曲作为进场音乐，孩子们在快乐的歌曲伴奏下，愉快地进入教室并坐下；然后放《啤酒桶波尔卡》的音乐，孩子们做律动复习音乐，给人以流畅、节奏紧凑的感觉。在教学过程中注意了音乐常规的培养及养成教育。

3.这节课我做到了心中有目标，围绕目标进行每一个环节。每个环节清晰自然，很快就进入了打击乐的合奏。图谱降低了打击乐合奏的难度。对于这节课中的难点——孩子们不容易掌握的快节奏，教师做到了重点练习，引起孩子们的注意。

4.在集体讨论为乐曲配器时，教师注意了要尊重幼儿的想法和建议，体现了配器方案来自孩子们的独立思考。孩子们感受到了宽松的氛围，能够主动学习。

不足之处：

1.在孩子们讨论配器方案时过于仓促，应多给孩子们一点时间体会乐器的不同声音。

2.在今后的教学工作中，还要不断思索，给孩子们更多的空间，让孩子们在愉快的游戏氛围中快乐地学习。

附　图

图 114

图 115

图 116

图 117

娃娃国（第三课时）

一、设计意图

我们班的幼儿活泼可爱，经常会以物代物地进行游戏，尤其体现在表演区。无意中老师听到了《娃娃国》这首歌曲，就给孩子们投放在了表演区。孩子们第一次听到这首音乐就非常兴奋，都觉得很好听。随后班里几个女孩子就开始安静地倾听歌词的内容，然后创编小律动，借机我们将次音乐《娃娃国》生成这一节"游戏化的打击乐活动"。

说教材

《娃娃国》是首台湾儿童歌曲，旋律流畅跳荡，节奏轻盈灵活，歌词内容非常有故事性。第一课时后幼儿就能准确地哼唱出来，孩子们都十分喜欢。因此，我们发现在欣赏音乐之余，幼儿已经不满足于做音乐的倾听者，而是会尝试着做律动表演和使用乐器的打击活动。而大班的幼儿已经具备了一定的欣赏能力，对音乐活动非常感兴趣，善于并敢于用各种形式表达自己对音乐的理解和感受。因此，我打破了以往单一的学科教学，将音乐欣赏与律动的动作还原有机地结合起来，用音乐对故事中的人物形象进行诠释，并引导幼儿进行游戏化的打击乐活动。根据《纲要》中"幼儿喜欢参加艺术活动，并能大胆地表达自己的情感和体验"，我设计了本次活动。

二、活动准备

经验准备：

1.幼儿坐成"品"字形。

2.幼儿已熟悉《娃娃国》歌曲，并能进行律动表演。

物质准备：

1.图谱。

2.歌曲音乐。

3.（乐器）撞钟、铃鼓、响板。

三、活动目标

目标定位：活动的目标是教育活动的起点和归宿，对活动起着导向作用。根据《纲要》的目标要求及大班幼儿年龄特点，确立了情感态度、能力、知识技能等方面的目标，其中既有独立表达的部分，又有相互融合的部分，具体目标如下。

1.让幼儿尝试轮奏并能够按指挥手势有控制地进行演奏，体验与同伴共同演奏的乐趣。

2.幼儿能够根据已有的节奏型为该歌曲设计出较为适宜的配器方案，并能大胆表达自己的想法。

四、活动重点和难点

根据目标，我们把活动重点定位于：能够按照图谱设计出打击乐的配器方案，游戏体验使活动得到深化。

活动的难点是尝试轮奏、合奏，体验与同伴共同演奏的乐趣。总之，整个活动呈现了趣味性、综合性、活动性，寓教育于游戏之中。

五、教法

1.演示法：是指教师通过生动形象的动画，帮助他们理解歌词、歌曲情绪等。本次活动中的演示法是通过图谱的设计，让幼儿根据教师设计的路线图谱，将《娃娃国》歌曲在演唱的基础上，利用打击乐器进行演奏。重点在教师设计的图谱是让幼儿对整首歌曲有全面的认识，将歌曲内容按照图谱的节奏进行设计，这样能更好地让孩子找到歌曲的节奏，为打击乐做好铺垫。在这一过程中，现代教学辅助手段的运用发挥了传统教育手段不可替代的作用，使理解和认识更透彻。

2.创作法：所谓创作法是指幼儿充分发挥想象力，创作出一些新的事物。本次活动中引导幼儿用动作表现节奏。在动作还原的基础上，让幼儿打击乐器，充分发挥孩子们的想象力，让他们自由地创编动作，体现歌曲的节奏型。

3.游戏法：游戏是幼儿的基本活动，它具有教育性、娱乐性和创造性。本次活动最后的环节中，我引导幼儿将歌曲内容分成三种角色，分别根据路线图进行游戏，共同达到课程的目标，一起体验救出公主的喜悦心情。孩子在表演的过程中不仅学习合作表演，而且认识到要热心帮助那些需要帮助的人，更是创编了多种多样的动作。教师的适时鼓励，把幼儿的创造之火点燃，显示了无穷的力量。

此外，我们还适时采用了交流讨论法、赏识激励法、审美熏陶法对活动加以整合，达到了艺术性、健康性、愉悦性的和谐统一。

六、学法

根据大班幼儿的年龄特征，我设计了以下学法。

1.用听、说、看、动等多种形式，体验音乐，交流互动。

2.融合舞蹈等艺术表现形式表达自己对乐曲歌词内容、律动、打击乐的积极感受。

七、活动过程

入场：《娃娃国》律动。

（一）故事情景律动游戏

创设故事情景：我们小朋友在娃娃国参加的聚会你们还记得吗？他们还有位漂亮的公主跟我们一起跳舞，但是今天她怎么没有出现呢？我们来问问国王吧！原来他的女儿被抓走了，我们愿不愿意来帮助他，去拯救公主呢？

（二）出示图谱，幼儿分角色进行节奏练习（见图118）

指挥官出示战略图，你能不能读得懂上面的内容呢？用你的身体部位表现出节奏来。

1.师幼一起分析图谱，幼儿集体看图谱，徒手合乐。

2.幼儿根据角色（步兵、炮兵、国王）进行自然分组。

（三）使用乐器，尝试看图谱演奏

我们已经操练过了，这时候我们应该开始使用武器了，那三种乐器我们该怎么来分配呢？（见图119）

1.出示乐器，幼儿集体讨论配器。（铃鼓、撞钟、圆舞板）

铃鼓适合演奏哪个角色，为什么？

撞钟适合演奏哪个角色，为什么？

响板适合演奏那个角色，为什么？

2.分组尝试演奏，解决演奏的问题。（见图120）

3.转换角色，尝试演奏。

4.集体演奏。（见图121）

（四）游戏：拯救公主

使用乐器集体演奏，救出公主。

（五）听音乐离教室

我们将公主救出来了，我们将她送回家吧！

活动反思

　　这首《娃娃国》是首台湾歌曲，歌词鲜明，节奏欢快，第一次给班里孩子欣赏的时候，孩子们就十分喜欢，几乎能哼唱出来。因此在选择打击乐的设想上教师也是从孩子的兴趣出发，教师将《娃娃国》的歌曲穿插入故事内容，将一起拯救公主的故事进行了演绎，孩子们兴趣高涨，参与性强。孩子们利用乐器充当武器，按照图谱进行分角色演奏，孩子们通过游戏性的过程达到了目标，效果很好。

　　不足：孩子们选择乐器的时候，教师可尝试出示多种乐器，充分让幼儿发挥想象力，感受不同乐器的不同特点，再进行配乐，这样孩子的感受性也强，能达到更好的效果。

　　俗话说："教无定法，贵在得法。"一次好的音乐活动应该体现"教学生活化"的教育理念。我想，好的音乐活动应该是一种艺术享受，我会在以后的教学实践中，在新的教育理念的熏陶下，和孩子们一起探索，一起成长！

附　图

图 118

图 119

图 120

图 121

瑶族舞曲（第三课时）

一、设计意图

《瑶族舞曲》一直是我比较喜欢的一首中国乐曲，在一次安静游戏时，我用钢琴弹奏了出来。琴声响起的时候，孩子们都立刻安静了下来，跟着音乐自动摇摆。活动结束后，孩子们问这首音乐叫什么，要让妈妈下载来听，看得出孩子的兴奋与喜爱。因此我从孩子的兴趣出发，让他们充分地表现自主性。同时，《纲要》中也提出："为幼儿创设轻松、和谐的氛围，鼓励幼儿在游戏中用自己喜欢的方式大胆地表达对音乐的感受。"因此特从孩子的年龄特点出发，设计了这节有意思的"游戏化打击乐"活动——《瑶族舞曲》。

说教材

《瑶族舞曲》是一首非常著名的乐曲。这首音乐选自由徐卓娅老师主编，南京师范大学出版社 2015 年出版的"幼儿园音乐教育活动丛书"——《打击乐器演奏活动》。乐曲生动地描绘了瑶族人民欢庆节日时的歌舞场面。体验歌曲优雅高贵的旋律和轻盈明快的节奏，感受歌曲表达的欢乐情绪，幼儿对音乐活动很感兴趣。通过此次活动，我深切地感受到，要让幼儿真正喜欢音乐，就必须做到贴近他们的兴趣和欣赏角度，相互交流、相互沟通，让他们真正走进音乐的实践中去，发挥他们的动手能力和创作能力，亲身体验音乐给他们带来的欢乐。这样，音乐活动才会受到幼儿的欢迎和喜爱。

二、活动准备

经验准备：

1. 幼儿坐双马蹄形。

2. 幼儿已熟悉歌曲，并能进行律动表演。

物质准备：

1. PPT 声效。

2. 图谱。

3. 音乐《瑶族舞曲》。

4. 礼物盒。

5. 沙锤、铃鼓、圆舞板若干。

三、活动目标

活动的目标是教育活动的起点和归宿，对活动起着导向作用。根据大班幼儿年龄特点及实际状况，确立了认知、技能、情感方面的目标，其中既有独立表达的部分，又有相互融合的部分，具体目标如下。

1. 认知目标：在熟悉乐曲的基础上，尝试用沙锤、铃鼓、圆舞板为乐曲配器。

2. 技能目标：能够尝试为乐曲简单地匹配节奏型，并尝试看图谱进行演奏。

3. 情感目标：通过欣赏《瑶族舞曲》，能够从中感受民族音乐的美。

四、活动重点和难点

活动重点：幼儿能按照乐曲使用沙锤、铃鼓、圆舞板为歌曲伴奏。

通过活动过程中第二环节幼儿分析节奏型，根据教师提供的乐器，充分让幼儿讨论配器方案。

活动难点：能够尝试为乐曲简单地匹配节奏型，并尝试看图谱进行演奏。

幼儿在使用的乐器基础上，通过闯关游戏加强难度，为乐曲自由进行节奏型的匹配，在教师的指挥下完成图谱的演奏。

五、学 法

《纲要》中指出："教师应成为学习活动的支持者、合作者、引导者。"活动中应力求"构成合作探究式"的师幼互动。因此，本次活动教师除了以可爱、推拙的形象，饱满的情绪影响幼儿，以自己的形态感染幼儿外，还挖掘此综合活动价值，采用了适宜的方法组织教学，采用的教法主要以下几种。

1.操作法：它是幼儿建构活动的基本方法。在活动中，在幼儿熟知乐曲的基础上，让幼儿自主选择乐器，体验乐曲的节奏。这不仅仅增强了他们学习的兴趣，而且提升了教学活动的有效性。

2.游戏法：游戏是幼儿的基本活动，它具有教育性、娱乐性、创造性。在课程中，教师利用了闯关的游戏激发幼儿的兴趣，利用游戏探索打击乐中的奥秘。

3.演示法：是指教师通过讲解谈话，把实物或教具展示给孩子看，帮助他们获得必要的理解。本次活动中的演示法是通过展示多种游戏，让幼儿尝试，让幼儿在观察中学习。

此外，我们还适时采用了交流讨论法、赏识激励法对活动加以整合，达到了科学性、艺术性、健康性、愉悦性的和谐统一。

以幼儿为主体，创造条件让幼儿参加探究活动，不仅提高了认识，也激发了幼儿的潜力。

六、活动过程

（一）律动进场，创设故事情景引入（见图122）

1.听音乐《瑶族舞曲》进教室。

师：小朋友们，今天我们的一个好朋友要求我们来到她的瑶族寨子做客。听，音乐响起来了，让我们舞起来吧！

2.演示PPT，出示图谱，使用圆舞板进行复习演奏。

师：小朋友们，看我们来到了哪里？看，是谁出来迎接我们了？（英妹）英妹是我们的好朋友，她欢迎我们到她的瑶族寨子来做客。我们来到了瑶族寨子门前，为什么寨门是关着的呀？让我们来敲敲门，为什么不开呢？快看出现了什么？热气球下面好像有密码一样的东西，小朋友们，你们见过吗？这是什么啊？快让滕老师来施展一下魔力，让我们看看是什么吧！是图谱，小朋友拿起小椅子下面的乐器，我们一起复习一下这首乐曲吧！

（二）出示新乐器，分析节奏型，幼儿讨论配器方案

1.出示礼物箱，引出两种乐器（沙锤、圆舞板）。（见图123）

师：为什么城门还是不开啊？难道是瑶族的小朋友们在考验我们，让我们闯关进入吗？那我们要动动脑筋了！快看出现了什么？是一个大大的礼物盒！快看，礼物盒飞到了我们班，让我看看里面是什么。听一听，原来是小乐器。你们猜，给我们送来小乐器是要干什么（多种乐器演奏），

我们三个图谱三种乐器怎么来分配呢？小朋友讨论一下，跟我说说。

2.幼儿根据节奏型讨论配器方案，并进行演奏。（见图124）

（1）幼儿自主选择乐器，使用乐器分组尝试演奏节奏型。

师：面前有三种乐器请小朋友轻轻地拿起你喜欢的乐器，到相应的位置坐好。

（2）完整地进行演奏。

（3）交换乐器进行演奏。

（三）师幼共同讨论为乐曲匹配节奏型并尝试演奏（见图125）

（1）以游戏方式出示节奏型，师幼共同玩游戏，讨论节奏型适宜放在乐曲的哪个位置。

（2）展示讨论结果并演奏。

（四）教师引导

师生一起参加瑶族音乐节，听音乐离开教室。

活动反思

《瑶族舞曲》是一首非常著名的乐曲。乐曲生动地描绘了瑶族人民欢庆节日时的歌舞场面。体验歌曲优雅高贵的旋律和轻盈明快的节奏，感受歌曲表达的欢乐情绪，幼儿对音乐活动很感兴趣，虽然在演奏中不是很熟练，但是对幼儿来说已经很棒了。

在音乐欣赏课堂中，应根据中班幼儿的具体情况去提问题，让幼儿通过多方面、多层次的思考与感受发表自己的个性化见解，从而达到激发幼儿学习的兴趣并提高幼儿感受音乐的能力。据此，在本节中我做了以下的教学尝试。

1. 开始时请幼儿听音乐做律动（拍手、点头），引起幼儿学习兴趣。

2. 出示2/4拍节奏图谱：幼儿看符号进行拍手、拍腿、拍肩节奏练习。

3. 带幼儿认识少数民族，最后导出瑶族，进而带幼儿欣赏《瑶族舞曲》。

4. 欣赏音乐《瑶族舞曲》，幼儿用手在身体上打节奏，感受乐曲的不同。

5. 出示《瑶族舞曲》图谱，教师带幼儿一起看图谱打节奏。

6. 幼儿听《瑶族舞曲》做节奏练习。

7. 幼儿听曲自编舞蹈动作，幼儿自由舞动。

8. 教师示范跳瑶族舞，幼儿跟着一起跳舞。

通过此次活动，我深切地感受到：要让幼儿真正喜欢音乐，就必须做到贴近他们的生活兴趣和欣赏角度，相互交流、相互沟通，让他们真正走进音乐的世界中去，发挥他们的动手能力和创作能力，亲身体验音乐给他们带来的乐趣。这样，音乐活动才会受到幼儿的喜爱。

同时，在本节活动中我也有不足的、值得改进的地方，比如：①在最后的收放乐器时，不应该由保育员老师来代替，幼儿可听音乐自己收。②在活动结束部分，教师应该充分给予孩子空间听着《瑶族舞曲》的音乐自由发挥，真正让孩子沉浸在参加舞会的状态中。教师会根据以上反思的内容在课程的延伸中继续完善下去。

附 图

图 122

图 123

图 124

图 125

在山魔王的宫殿里（第二课时）

一、设 计 意 图

幼儿园大班活动注重综合性和多领域渗透，我尝试将打击乐活动与语言活动相整合。在绘本《母鸡萝丝去散步》的故事里配上音乐《在山魔王的宫殿里》，通过跟随音乐，合作动作表演，生动、幽默地再现故事情节，拓展了幼儿使用语言、绘本、动作、音乐等艺术手段整体地进行艺术理解、感受、表达的能力。因此，根据班里幼儿的兴趣与年龄特点，我们设计了这一节"游戏化的打击乐"活动——"在山魔王的宫殿里"。

说教材

乐曲《在山魔王的宫殿里》作者格里格，出自诗剧《培尔·金特》所写的配乐组曲中的一个乐曲。该乐曲由两个乐句短曲连续重复 18 次，在速度上越来越快，音量上越来越强，最后再加上一个情绪更强烈的尾声构成。其结构中旋律重复所造成的幽默趣味，和《母鸡萝丝去散步》在故事情节和绘本画面的重复有着异曲同工之妙。

二、活 动 准 备

第二课时

物质准备：《倒霉的狐狸》图片事件、音乐《在山魔王的宫殿里》。

经验准备：幼儿已经阅读过绘本《母鸡萝丝去散步》，并已经熟悉故事《倒霉的狐狸》。

三、活动目标

结合大班幼儿的认知结构及心理特点，从知识与技能、过程与方法、情感态度与价值观三个方面制订了以下教学目标。

1. 有新意地、大胆地创编游戏动作，能主动大胆地跟随音乐动作表演。
2. 在合作表演的过程中学习自我克制和相互配合。
3. 享受《在山魔王的宫殿里》表演带来的乐趣。

四、活动重点和难点

根据目标，我把活动的重点定位于有新意地、大胆地创编游戏动作，能主动大胆地跟随音乐动作表演。把活动难点定位于在合作表演的过程中学习自我克制和相互配合。

五、学法

"追与捉"的游戏向来是幼儿百玩不厌的，母鸡跑、狐狸追的游戏情节不仅适合大班幼儿的年龄特点，同时也非常符合音乐所表现的情绪和结构。特别是乐段结束处，母鸡回头、狐狸停顿的动作，引发了幼儿极大的兴趣，这种微秒的关系是激发幼儿一遍遍感受、理解、表现音乐的原动力。

《纲要》中指出："注意以多种形式有目的、有计划地引导幼儿生动、活泼、主动地活动。"教师应切实地把幼儿园教育的过程看作幼儿学习的过程，注意研究幼儿发展，从孩子的发展中了解"学"，在引导孩子的发展中把握"教"。

本课采用五种方法设计教学活动。

1.直观教学法：教师通过直观手段（实物直观、图片直观、语言直观、过程直观）所形成的鲜明、生动的形象，吸引幼儿的注意，激发幼儿的学习兴趣和热情，实现幼儿理解和主动建构。

2.讨论法：在教师的指导下，幼儿以全班或小组为单位，围绕中心问题，各抒己见，通过讨论获得知识或巩固知识的一种教学方法。

3.游戏法：以游戏的形式教学，使幼儿在轻松的气氛中，在欢快的活动中，甚至在激烈竞争中，不知不觉地学到教材上的内容。

4.启发提问法：在创设情景的前提下，引导学生更深一步地研究问题。

5.表演法：愉快教学的一种具体操作方法，是形象化教学艺术的一种体现。让幼儿扮演其中的人物角色，进行一些即兴的或是有准备的表演，从而促进对知识的理解。

六、活动过程

（一）开始部分

1.通过完整欣赏音乐回忆故事，引导幼儿创编部分动作。

我会提问幼儿"我们在哪里听过这首乐曲"，让幼儿根据音乐回忆故事的线索。当幼儿回忆故事后继续提问："在故事《倒霉的狐狸》中，狐狸都遇到了哪些倒霉的事情？"（见图126）

这一部分主要是为了让幼儿回忆并熟悉音乐，感受音乐旋律的重复与变化，为下阶段将音乐与故事相结合创编动作做铺垫。

2.按顺序出示故事图片，以提问的方式引导幼儿回忆故事的线索，通过故事线索匹配音乐，引导幼儿创编部分动作。

我按照故事顺序出示图片，帮助幼儿梳理故事情节。(狐狸被钉耙打头，掉进了池塘里，又掉进了草堆里，还被面粉埋了，当它向母鸡扑过去时又被母鸡发现了。) 提问幼儿"母鸡发现狐狸后是怎样回家的"，鼓励幼儿用动作表现出来。 (见图 127)

本环节主要为引导幼儿初步感受狐狸走路时的节拍、遇到倒霉事情时的停顿，要求幼儿根据故事线索创编部分动作，并借助讨论规范了狐狸的系列动作，为下一环节狐狸与母鸡的互动表演打下了基础。

(二) 集体随音乐表演狐狸的动作

首先请幼儿随音乐表演狐狸的动作。一起扮演这只倒霉的狐狸，跟着音乐去捉鸡。然后我随音乐指图，幼儿看图片表演狐狸的动作。 (见图 128)

请小朋友注意，狐狸在有些地方是不是能停住不动，不被母鸡发现。这一环节在幼儿表现狐狸的过程中，幼儿随乐曲模仿狐狸偷偷摸摸跟踪在母鸡后面，通过对动作的快慢力度和情节的掌握来感受音乐、表现音乐，紧密地抓住音乐特性，初步达到该活动设计的重点目标。

(三) 尝试母鸡与狐狸合作表演

我来扮演母鸡，幼儿扮演狐狸，合作表演。当幼儿遇到学习困难时，我有意识地引导幼儿通过观察教师的暗示，有序记忆动作。 (见图 129)

这一环节我直接针对母鸡与狐狸互动的有趣情节进行提问和表演，再次使幼儿明确动作表现的关键内容，从而帮助幼儿在下面的表演中更准确地感受和表现乐曲中的乐段。 同样重要的是，在幼儿结伴表演之前，全体幼儿有和教师配合表演的经验，更有利于降低记忆难度，保障幼儿结伴时的流畅和舒适。

（四）分组讨论，分配角色进行表演

绘本《母鸡萝丝去散步》的故事内容中精选了部分作为音乐表现的重点内容，通过逐层提问帮助幼儿明确了狐狸在跟随母鸡的过程中遇到的倒霉事，并借助讨论规范了狐狸的系列动作，为下一环节狐狸与母鸡的互动表演打下了基础。

我提问幼儿"长音出现时，狐狸与母鸡是否同时做动作了"，让幼儿观察快节奏音乐时，哪个小组的表现更准确，为什么。

在对音乐作品特性准确把握和挖掘的基础上，巧妙地设计了活动的情节和动作。在表现狐狸的过程中，幼儿通过随乐模仿狐狸偷偷摸摸跟踪在母鸡后面，不断用动作表现慢速、中速时的合拍走，逐渐感受了乐曲的节奏；通过越来越快的追逐、敲门等情节的表现，感受并表现音乐中渐快的速度；通过母鸡向后看的动作、狐狸保持造型不动来感受和表现每个乐段的结束。紧密地抓住音乐特性，借助狐狸与母鸡的动作呼应来感受音乐、表现音乐是该活动设计的重点。

（五）尝试制作图谱

本次课程是为第三课时做铺垫，因此提问幼儿能不能自己设计一个图形代表狐狸和鸡，方便幼儿自己设计图谱。孩子们根据狐狸和鸡的外形设计了狐狸是倒三角，鸡是圆圈，初步尝试自己设计图谱并看图进行表演。

活动反思

1.在这个活动中，我抓住了孩子爱玩儿、爱发现、爱创作的特点，而且我们班上的孩子喜欢角色扮演的游戏和追逐游戏，我基于此开展了这个活动。大班幼儿接受知识的速度很快，因此巧妙地将语言活动中优秀的绘本故事设计成打击乐活动，让孩子们能够全方位地去学习、理解、探究。整节课气氛都很高涨，课堂秩序良好。

2.在这个活动中，我坚持幼儿是活动的主体，教师只是参与者与指导者。在活动中鼓励幼儿发挥想象，积极创编，尊重并承认幼儿的创作。

3.在活动中，孩子和教师的配合程度高。考虑到孩子们的参与激情相当高，在活动中可能忽略或忘掉故事情节从而忘了做动作，我将故事图画贴在黑板上，这样可以起到提示的作用，孩子们就可以做出正确的动作。

4.活动效果评析。

（1）优势：活动目标达成较好，在活动设计和活动进行过程中都抓住了孩子们的兴趣点和兴奋点，例如让幼儿自己创编动作，让他们认识到自己是这个游戏的主人。在游戏中用夸张幽默的语言、语气、动作引起了幼儿好动好玩的天性，使其能积极参与游戏。

（2）不足之处：在活动中分为三组来表演，由于这种表演形式是第一次尝试，因此一些幼儿比较紧张，在跟音乐表演时，自己创编好的动作没有展示出来。狐狸与母鸡集体停顿的地方，一些孩子没有表现出来。

附　图

第二课时

图 126

图 127

图 128

图 129

安娜波尔卡（第三课时）

一、设 计 意 图

打击乐演奏是幼儿园教学内容之一。打击乐器演奏教学不仅能够帮助幼儿初步掌握演奏的一般知识和技能，而且能够发展幼儿的节奏感，培养幼儿的合作能力。大班幼儿已具备一定的节奏感，我班幼儿也曾对打击乐活动表现出极大的兴趣，根据音乐的曲风特点和曲式结构，我通过创设"小矮人挖宝藏"的活动情境，开展打击乐活动，可以让幼儿感受到节奏活动带来的快乐，并提升他们对音乐的感受力、表现力及和同伴间合作演奏的能力。

说教材

波尔卡是捷克一种民间轻快、活泼的舞蹈，经常用于庆祝或者民间聚会，深受人们喜爱，它的舞曲也叫作"波尔卡"。《安娜波尔卡》是一首轻快、活泼的音乐，经常用于庆祝或者民间聚会，深受人们喜爱，《安娜波尔卡》为ＡＢＡ曲式结构，根据音乐的曲风特点和曲式结构，我通过创设"小矮人挖宝石"的活动情境，分别开展音乐欣赏和打击乐活动，让幼儿在感受乐曲曲风和熟悉乐曲的基础上，学习共同协商，与他人合作，并从中体验合作的快乐。

二、活 动 准 备

经验准备：幼儿坐双马蹄形；幼儿已熟悉乐曲，并能进行律动表演。

物质准备：PPT 课件，大图谱 1 个，小图谱 3 个，音乐，4 种乐器（响板、打棒、沙锤、撞钟）。

三、活动目标

1.熟悉乐曲旋律，尝试听音乐用打击乐器演奏 ×× |×××× |× ×× |×××|· 0× |0× |· 0× |0××× |的节奏型。（认知目标）

2.根据音乐的结构及图谱，设计出打击乐器的方案，并进行演奏。（技能目标）

3.情感目标：体验小组合作讨论及集体合作打击乐的快乐。（情感目标）

四、活动重难点

活动重点：幼儿尝试听音乐并用打击乐器演奏 ×× |×× ××|· ×× |×××|· 0× |0× |· 0× |0××× |的节奏型。

策略：通过故事导入，让幼儿融入故事中的角色，在扮演角色的同时让幼儿尝试听音乐并用打击乐器演奏 ×× |×× ××|· ×× |×××|· 0× |0× |· 0× |0×× ××|的节奏型。

活动难点：幼儿以小组的形式，根据音乐的结构及图谱，设计出打击乐器的方案，并能进行演奏

策略：仍然利用故事引入，通过"为小矮人找工具"等情节来激发幼儿参与活动的积极性。

五、学法

采用四种方法设计第三课时教学活动。

直观演示法：本活动我运用了幻灯片创设"小矮人挖宝藏"的故事情景，让幼儿直观地看到故事情境图片，让幼儿更加快速地融入故事情景。

角色扮演法：通过让幼儿扮演故事中的角色来激发幼儿兴趣的同时，在幼儿游戏的过程中检验幼儿的学习成果。

游戏法：活动设计以故事引入，游戏贯穿始终，整个活动让幼儿一直处于愉快的游戏活动中，在游戏中学。

六、活动过程

（一）开始部分

幼儿在《快乐的森林》背景音乐下入场。（见图130）

（二）进行部分

1.谈话导入，复习《安娜波尔卡》的律动。

师：今天我们来到了美丽的大森林，我们来看看森林里有什么？（出示小矮人住的房屋图片）是谁住在这里呢？

师：小矮人们最喜欢的工作是什么呀？（出示小矮人挖宝石的图片）那我们也来试试挖宝石吧！

听音乐，幼儿集体复习律动，回忆乐曲内容。（见图131）

活动一开始，教师注重为幼儿营造一个童话般的游戏环境，引导幼儿置身这种宽松的氛围中，从而激发了幼儿参与活动的兴趣，调动了幼儿主动融入活动的积极性。

2.出示图谱,了解图谱内容。(见图132)

(1)师:我这里有一张小矮人挖宝石的流程图(出示图谱),我们来看看他们都做了哪些工作。

(2)讲解图谱,根据图谱的提示,集体徒手拍节奏。

(3)根据图谱的提示,幼儿分角色徒手拍节奏。

结合图谱,通过图谱上的角色逐步加深,使幼儿了解乐曲的分布,三种角色的排列使幼儿了解了乐曲是ＡＢＡ结构,了解乐曲的旋律、风格、结构、节奏,为下一步幼儿的动作体验提供了条件。

3.借助图谱,用乐器为《安娜波尔卡》乐曲配伴奏。

(1)出示乐器。

师:我们的小矮人都是带着工具去挖宝藏的,我们也要带着工具去挖宝藏,看看都有什么工具。

教师出示乐器响板、打棒、沙锤、撞钟四种乐器。

(2)以小组形式合作讨论,设计配乐方案。

师:咦!你们发现什么问题了吗?只有三种工作,却有四种工具,所以要请小矮人想一想:在挖宝石的部分适合用什么乐器呢?装宝石的部分用什么乐器呢?鉴定宝石的部分适合用什么乐器?

师:我给每组都准备了流程图,还有一些小乐器标志,请小组讨论选择乐器标志贴在流程图上相应的位置。小矮人还要告诉小朋友:每种工作都要有人负责噢!

教师引导幼儿共同讨论协商配器方案,并按照自己的配器方案,合作演奏。

教师分别请各组幼儿随音乐演奏各自的配器方案。(见图133、图134)

根据配器情况,挑选一种,集体进行演奏。

我鼓励他们积极地参与游戏。幼儿演奏乐器是具有一定难度的。于是我选择让幼儿在扮演游戏角色的过程中，进行乐器的伴奏，进一步增强对乐器的感受和理解。乐器不仅可以用来为旋律伴奏，还成为幼儿喜爱的游戏道具。

（三）结束部分

小矮人们工作一天也累了，他们要回家去了，我们也回去休息休息，请小朋友把乐器轻轻放回框里。

活动反思

在这次大班组的打击乐观摩活动中，我设计了《安娜波尔卡》的活动，本次课程我选用的音乐是《安娜波尔卡》，《安娜波尔卡》是一首轻快、活泼的音乐，经常用于庆祝或者民间聚会，深受人们喜爱，并且ABC的曲式让幼儿很容易掌握。

在此次目标的设定上，我结合了大班孩子的年龄特点，大班孩子有一定交往的能力，在这个阶段孩子之间的交流与合作是比较多的，所以通过打击乐活动引导孩子学会正确的合作方式和合作模式，因此设计课程的目标。同时，在本节活动中，教师带给孩子一种轻松的状态，并且教师心中有目标，环环相扣，能够关注孩子的状态，并及时作出调整。孩子也能跟随老师，很专注地完成本节活动。

但仍存在一些不足：（1）课程时间过长，讨论时间需要压缩。（2）在分组表演时，教师要当指挥，给予孩子一定的提示。（3）动作还原体现得不够充分，在分组讨论练习时可以适当引导孩子结合动作来敲击乐器。（4）要考虑作品的完整性，本节课中都是以轮奏的形式，可以增添合奏部分，体现出层次，使音效更饱满。（5）讨论范围太大，用时太长，可以一组就一个点，围绕一个点进行深入讨论。

附　图

图 130

图 131

图 132

图 133

图 134